INGA GRIESE · CHRISTOPH STÖLZL

DIE GASTGEBERIN

20 JAHRE IN BESTER GESELLSCHAFT
ISA VON HARDENBERG

teNeues

Inhaltsverzeichnis

Das Gästebuch – Isa von Hardenberg _____ 4
Vorwort – Sabine Christiansen _____ 6

Die Gastgeberin – Inga Griese _____ 8
Die Gastgeberin im Gespräch – Christoph Stölzl _____ 12

Berlin findet sich – Christoph Stölzl _____ 18
Allen voraus – Florian Langenscheidt _____ 27

Gesellschaftsspiel – Inga Griese _____ 28
Love it! – Mario Testino _____ 44
Wann ziehst Du nach Berlin? – Patricia Riekel _____ 45

Berliner Republik – Christoph Stölzl _____ 48
Der geheime Ost-West Zirkel – Volker Schlöndorff _____ 50
Die Reichstagsverhüllung _____ 53
Berlin baut _____ 56
Politische Umbrüche _____ 59
Die Diplomaten kommen _____ 59
Die Welt zieht nach Berlin _____ 66
Adieu Tristesse – Knut Teske _____ 65
Unter den Linden Nr. 1 _____ 67
Rückkehr des jüdischen Lebens nach Berlin _____ 68
Die Eröffnung des Jüdischen Museums _____ 69
Hebrew University – Dorothea von Eberhardt _____ 76

Berlin wird Mode – Inga Griese _____ 84

Straßenlage – Katharina von der Leyen _____ 90
Ansichten eines Zugezogenen – Ulf Poschardt _____ 93
Zurück zu den Wurzeln – Prof. Wolfgang Joop _____ 95

Stadtgeflüster

Ein rotes Stück Himmel – Tita von Hardenberg _____ 96
Ein Tag als Berlinale Direktor – Dieter Kosslick _____ 100
Filmstadt Berlin – Wolfgang Bauer _____ 102
Die Partyeinschleicher – Patrizia Schueler _____ 104
Der Wohlfühlfaktor – Jo Groebel _____ 106
Multi-kultig – Christine Bücken _____ 110
    1001 Nacht-Empfang für den Scheich
    Die Shaolin Mönche
Berlin rockt – Marco Rechenberg _____ 116

Kunst-Stücke

Sprung über die Mauer – Joachim Bessing _____ 120
Die Künstler kommen nach Berlin – Christoph Stölzl _____ 125
Erinnerungen an das MoMA
in der Neuen Nationalgalerie – Peter Raue _____ 126

Der Zweck heiligt die Party – Elisabeth Binder _____ 130

Starallüren – Christine Bücken _____ 135
Der Stifter – Roland Berger _____ 140

Tischrede – Lord Weidenfeld _____ 142

„Aller Anfang ist Planung" – Marie Waldburg _____ 144

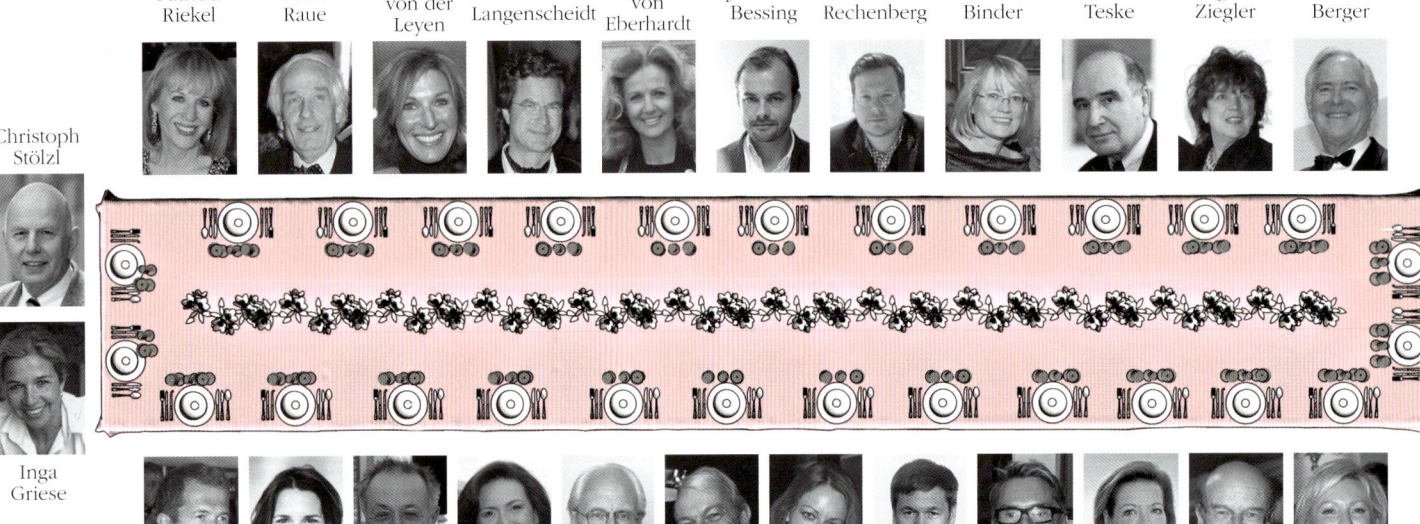

Top row (left to right): Patricia Riekel, Peter Raue, Katharina von der Leyen, Florian Langenscheidt, Dorothea von Eberhardt, Joachim Bessing, Marco Rechenberg, Elisabeth Binder, Knut Teske, Regina Ziegler, Roland Berger

Left end: Christoph Stölzl, Inga Griese

Right end: Die Gastgeberin, Lord Weidenfeld

Bottom row (left to right): Mario Testino, Tita von Hardenberg, Dieter Kosslick, Patrizia Schueler, Wolf Bauer, Jo Groebel, Christine Bücken, Ulf Poschardt, Wolfgang Joop, Marie Waldburg, Volker Schlöndorff, Sabine Christiansen

Das Gästebuch

Isa Gräfin von Hardenberg

Berlin war in den letzten zwanzig Jahren wohl die spannendste Stadt Europas. Ein Glücksfall für jede Gastgeberin! Nach dem Mauerfall strömten die unterschiedlichsten Menschen in die Stadt. Die Gesellschaft formierte sich jeden Tag neu. Es gab keine fest gefügte Rangordnung oder „closed circles". Wer einlud, konnte nach Herzenslust und ohne protokollarische Zwänge Menschen aller Couleur zusammenbringen. Ich bin glücklich, dass ich diese Zeit miterleben durfte.

Mit diesem Buch möchte ich einmal mehr Gastgeberin sein. Ich habe Gäste eingeladen, die diese Zeit miterlebt haben und aus ganz unterschiedlichen Blickwinkeln das Berlin der letzten 20 Jahre beschreiben können. Natürlich streng subjektiv. Wie hat sich die Stadt verändert? Wie feierte das zusammenwachsende Berlin? Wie entwickelte sich die Gesellschaft? Wie die Kultur? Es geht um Feste, denn auch sie sind Seismograph einer Zeit. Aber eben nicht nur. Es geht auch um Berlin und um zwei unvergessliche Jahrzehnte.

Mein besonderer Dank gilt den beiden Ehrengästen dieses Buches: Professor Christoph Stölzl und Inga Griese. Sie beschreiben die Stadt aus sehr unterschiedlichen Blickwinkeln: Während Christoph Stölzl klug und liebevoll die kulturelle Entwicklung beobachtet, ist Inga Griese mitten im Gesellschaftsgetümmel, mit ihrem hellwachen Gespür für Zeitgeist und Menschen. Sie sitzen gleichsam an den Kopfseiten des Tisches, flankiert von den anderen Autoren, die im vielstimmigen Tischgespräch zwanzig Jahre lebendig werden lassen. Herausgekommen ist ein funkelndes Kaleidoskop von Erinnerungen und Betrachtungen. Ein Gästebuch im besten Sinne und eine Hommage an meine Gäste der letzten zwanzig Jahre.

Vorwort
Sabine Christiansen

Zumeist entbehrt das Öffnen des Briefkastens jeden Zaubers: Werbung, Rechnungen, Kontoauszüge, das Stadtteilblatt. Doch plötzlich lugt ein ungewohntes Format, eine bezaubernde Farbe aus dem Papierberg hervor: Das muss eine Einladung sein!

Wie anders öffnen wir doch einen Umschlag, der uns offenbar auf ein freudiges Ereignis hinweisen möchte. Sorgsam wird die geprägte Karte entnommen. Wir sind zu einer festlichen Gesellschaft eingeladen.

In Berlin kann das im Allgemeinen vieles heißen: von der Tankstellen-Eröffnung mit ein paar „Promis" bis hin zum echten gesellschaftlichen Ereignis. Steht als Absender des Umschlags Isa von Hardenbergs Name, so ist eindeutig Letzteres der Fall.

Sie hat die Rezeptur der „Berliner Gesellschaften" nach dem Fall der Mauer neu geschrieben. Die Faszination der ehemaligen Mauerstadt, noch halb grau, halb Glitzer, brach alte Strukturen komplett auf und zog Künstler wie Schriftsteller, Prominente und Intellektuelle, Stil und Schickeria gleichermaßen an. Freiheit war jetzt schließlich mehr als nur ein Begriff aus dem Sozialkundeunterricht. Einen derartig schöpferischen und hochklassigen Gästemix hat es nie zuvor in der Hauptstadt gegeben. Hat die alte Westberliner „Baulöwen"-Elite noch auf den Rolltreppen des Kongress-Zentrums getanzt, so entstand nun eine neue Kultur der gesellschaftlichen Ereignisse, die ihrem Namen auch alle Ehre machten.

Doch sie gelingen nur dort, wo „persönlicher Einsatz und ein Zauber der Sympathie" die Hand darüber halten. Das ist Isa von Hardenbergs unkopierbares und schwer zu beschreibendes Geheimnis. Nur diese Stadt und diese Person konnten zusammenbringen, was bis dato nirgendwo zusammentraf: Könige und Prinzessinnen mit Promis und politischem Personal der Berliner Republik, Präsidenten, Modedesigner, Filmemacher, Hollywood-Stars: Hier gab und gibt es kein Cliquen-Tabu.
Dem Tagesspiegel entnehmen wir den Ausspruch, dass die Berliner Gesellschaft jetzt „erwachsen geworden sei". Was das im Wandel der letzten beiden Jahrzehnte heißen mag, werden Sie diesem Buch entnehmen können. Eine Geschichte des Feierns als gesellschaftliches Spiegelbild. Entstanden aus einer Schatzkammer von Bildern und Erinnerungen, die Hardenberg Concept über all die Jahre wohl verwahrt hat.

Daraus entstanden ist ein Buch, das man so fasziniert liest wie man eine besondere Einladung öffnet. Flanieren Sie mit über die Berliner Bühne, über einen Boulevard der Zeitgeschichte Berliner Feste. Isa von Hardenberg sei Dank für ihre nimmermüde, schöpferische Hand und ihr offenes Lachen im größten Stress.

Die Gastgeberin

Portrait
Inga Griese

Eventmanagerin nennt man heute das, was Isa Gräfin von Hardenberg vor zwanzig Jahren gewissermaßen zufällig erfand. Indem sie das, was sie und ihr Mann Andreas immer schon konnten und mochten, nämlich Gesellschaften organisieren, Menschen verknüpfen, zum Beruf machte und Hardenberg Concept gründete. Mehr aus einer Laune heraus, nicht aus Strategie. Und anfangs völlig verdutzt war über den Erfolg.

Mittlerweile ist Veranstaltungsmanagerin ein Ausbildungsberuf geworden, sind PR und Events allgegenwärtige Begriffe und Umsatzapparate. Doch wie wird man eine Isa? Oder besser „die Gräfin", wie alle durchaus ehrfürchtig sagen? Wobei der Respekt, der dabei mitklingt, nicht alte royale Traditionen und Titel reflektiert, sondern der Persönlichkeit gilt.

Wie also tritt man in ihre Fußstapfen? Am besten wohl gar nicht. Man könnte sich verlaufen darin.

Eigentlich wollte sie ja Lehrerin sein. Und noch eigentlicher Diplomatin, irgendwie auch nahe liegend als Tochter aus bestem baltischen Adel. Dass die Familie vertrieben wurde nach dem Krieg, taten dem Stilbewusstsein und dem Kommunikationsgeschick keinen Abbruch. Und auch nicht der Geselligkeit des Vaters, die sich eindeutig vererbt hat. Man war nicht mehr wohlhabend, legte aber Wert auf Ausbildung und Etikette. Und wahrscheinlich kommt auch die Würde, die sie ausstrahlt, aus den Wurzeln, die nur oberflächlich vom Schicksal gekappt wurden. Ich kenne niemanden, der mit solcher Grandezza falschen Schmuck tragen kann und im Schnäppchen vom Chinesenmarkt aussieht, als hätte Lacroix gerade letzte Hand angelegt. Und dann beim nächsten Mal in Couture erscheint. Und wer will schon glauben, dass die prächtigen Tischaufsätze

bei einem der legendären Abendessen in den Wohnräumen der Familie ausgerechnet vom Flohmarkt stammen? Das ist nicht mehr Schein als Sein, das ist Grandezza. Es ist wie mit gutem Benehmen. Nur wer die Regeln kennt, kann sie auch mal brechen. Und daran auch noch Spaß haben. Aber eben nur zum richtigen Zeitpunkt. Sie ist souverän. Auch in Turbulenzen, wenn etwas schief geht und auf einmal alles ganz anders als geplant ist, dirigiert sie mit großer Gelassenheit und bestimmter Freundlichkeit ihre Mädchenscharen und die Köche und Kellner und alle anderen und verliert (fast) nie

die Contenance. Das ist das aristokratische Moment, man tritt einem Menschen nicht zu nahe. Sie kann mit den unterschiedlichsten

Persönlichkeiten umgehen, mit einer gewissen alteuropäischen Höflichkeit in mehreren Sprachen. Genau genommen ist die Gräfin in ihrem jetzigen Beruf ja tatsächlich Diplomatin, parkettsicher ohnehin, aber eben auch „Menschenverknüpferin" hoher Schule. Es ist so gut wie ausgeschlossen, sich ihrem hartnäckigen Charme zu entziehen.

Als wir dieses Buch begannen, stand eines von vornherein fest:

Bloß keine Beweihräucherung! Lieber etwas ironischer im Ton bitte. So wie immer, also. Es ist eine Frage von Klasse, sich nicht selbst zu loben und zu inszenieren. Oder nur, wenn unbedingt nötig. Gleichwohl kommt man nicht umhin zu staunen und zu würdigen. Und, im Falle nationaler und internationaler Kundschaft, ihre Unterstützung zu buchen. Man kann sich darauf verlassen, die Sache wird etwas. Zeremonienmeisterin der glanzvollen Feste. Sagt sich so leicht. Als bedarf es dafür nur eines Aufstubsens des Heroldstabes. Von wegen: Glamour ist ein Knochenjob und ihn zu organisieren erst recht. Wer je versucht hat, eine halbwegs funktionierende Tischordnung zur Konfirmation der Kinder hinzukriegen, ahnt vielleicht was es bedeutet, 800 Leute zu setzen! Und zwar nicht einfach Ehepaarweise, sondern so, dass die Richtigen miteinander ins Gespräche kommen können. Nächtelang wird im Hause Hardenberg darüber gebrütet.

Um dann morgens um sechs doch noch mal schnell zum Golfplatz zu fahren. Für die Fitness und weil es ihren Mann erfreut. Wehwehchen gibt es nicht. Weh auch nicht. Woher das Durchhaltevermögen kommt? Wahrscheinlich aus gelebten Leben.

Mutter von vier Kindern und nicht immer war alles einfach, vor allem wenn dem ersten Kind Autismus diagnostiziert wird. Der Hut, der alle Anforderungen aufnehmen musste, war und ist groß. Doch das beste Beispiel für gelungene Parallelbewältigung ist wahrscheinlich die Tatsache, dass die ganze Familie noch immer einmal im Jahr ein Haus in der Sonne mietet für gemeinsame Ferien.

Der Umzug nach Berlin Mitte der 80er war alles andere als ein erfüllter Traum. Doch als Kind ihrer Eltern hatte die Gräfin früh gelernt, den Ort zu akzeptieren, an den das Leben einen schickt und dort das Beste aus den Möglichkeiten zu machen, zumal wenn die geliebten Menschen dabei sind. So gesehen war Berlin ideal, die Gräfin war schon da, als alle anderen erst merkten, dass es losgeht. Mit ihrem Glanz zur richtigen Zeit am richtigen Ort.

Linke Seite:
H.R.H. Prince Michael of Kent mit Isa von Hardenberg

Oben: First Lady Eva Luise Köhler und Friede Springer

Unten: Inga Griese

Die Gastgeberin im Gespräch
mit Christoph Stölzl

Woher stammt Ihre Freude an Geselligkeit?
In unserer Familie hat Gastfreundschaft eine lange Tradition. Wenn man einen baltischen Vater hat, lernt man früh, dass Geselligkeit keine Nebensache im Leben ist, sondern sein Angelpunkt. Als wir jung waren, haben wir originelle Feste gemacht, in Schafställen, Scheunen und historischen Eisenbahnen. Mein Mann war Referendar, ich war Lehrerin. Wir konnten uns keine großartigen Dinge leisten, aber wir hatten immer ein offenes Haus. Das hat sich bis heute nicht geändert.

Vor Hardenberg Concept gab es „Hardenberg-Pädagogik"?
Nach dem Abitur wollte ich unbedingt Diplomatin werden. Ich wählte das kürzeste Studium, Pädagogik, um möglichst schnell an mein eigentliches Berufsziel zu kommen. Überraschend hat mich dann die Arbeit mit Kindern wirklich begeistert, so dass ich die Diplomatenkarriere dafür sausen ließ. Ich blieb über acht Jahre leidenschaftliche Lehrerin, organisierte überregionale Schulversuche, unterrichtete auch schwer erziehbare Kinder, bildete Lehrer fort und schrieb regelmäßig für „Westermanns Pädagogische Beiträge".

Wie wurde die Baronesse Hahn zur Gräfin Hardenberg?
Ich ging eigentlich nie auf „Adelsbälle". Nur einmal sprang ich ein, als meine Schwester krank wurde und mein Schwager eine Begleitung brauchte. Wider Erwarten bekam ich einen tollen Tischherrn, Andreas Hardenberg, mit dem ich inzwischen vier Kinder und vier Enkel habe.

Wie war Ihre Begegnung mit Berlins Gesellschaft Ende der achtziger Jahre?
Wahrscheinlich ging es vielen Hamburgern, die nach Berlin kamen, damals ähnlich: Man bekam Beileidstelegramme, wenn man aus beruflichen Gründen nach Berlin musste. Berlin rangierte im Ansehen der deutschen und internationalen Gesellschaft ganz unten. An meine ersten Erfahrungen im alten Westberlin erinnere ich mich mit Schaudern: Gesellschaftlich war die Stadt in den siebziger Jahren stecken geblieben. Es herrschte so etwas wie ein gesellschaftliches „Antiklima". Alle waren schwarz in schwarz angezogen, man wollte auf gar keinen Fall chic sein. Eleganz und Stil waren Fremdwörter. Für Empfänge reichte es, wenn die Sekretärin Würstchen und Kartoffelsalat bestellte, beliebt waren die „Berliner Buffets" mit belegten Brötchen und allerlei Gürkchen in biederen Hotelhallen.

In jenen Jahren gab es in Berlin kein gesellschaftliches Leben, wie es etwa in Hamburg, München und im Rheinland Normalität war. Einsame Höhepunkte waren die Empfänge der alliierten Stadtkommandanten. Daneben gab es einige kleine intellektuelle Kreise, z. B. um Wolf Jobst Siedler, die sich von der breiten Masse entschieden distanzierten.

Wie haben Sie sich zurechtgefunden?
Wir haben viele interessante Menschen getroffen, die sich aus unterschiedlichen Gründen in Berlin sammelten. Da es zu der Zeit kaum private Gastgeber gab, öffneten wir unser Haus einmal im Monat zum „Open House". Es gab meist Pellkartoffeln mit Kräuterquark, und immer mal einen „special guest", der mit unseren Gästen über „sein Thema" diskutierte. Einer der ersten war der berühmte Autor Mario Vargas Llosa. Ein anderes Mal kam Lord Weidenfeld, der heiße Diskussionen und große Begeisterung hervorrief. Das Prinzip des „Open House" haben wir bis heute beibehalten, wenn auch viel seltener und mit etwas edleren Zutaten zum Quark.

Als Fünfjährige

auch beruflich zu machen. Mehr aus Spaß habe ich eine Visitenkarte drucken lassen – und kam mir zu Beginn wie der größte Bluffer vor! Aber dann entwickelte sich alles doch recht schnell. Wobei es damals in Berlin schwierig war, die nötigen Accessoires für elegante Einladungen aufzutreiben. Wir haben bodenlange Tischdecken nähen lassen, kreative Dekorationen entworfen und die Blumen selbst gesteckt.

Nach dem Mauerfall strömten viele westdeutsche und internationale Firmen nach Berlin. Plötzlich waren Konferenzen, Hauptversammlungen und Geschäftseröffnungen zu organisieren. Besonders amerikanische Banken haben Berlin für sich entdeckt. Auch die Medien drängten in die Hauptstadt und alle waren froh, jemanden vorzufinden, der ihre Ansprüche verstand und erfüllen konnte.

Und aus den privaten Partys entstand dann Hardenberg Concept?

Am Anfang von Hardenberg Concept stand nicht der Entschluss: „Jetzt gründe ich eine Firma." Ich bin da viel eher einfach hineingerutscht. Ich habe unserem Freund Bernd Schultz, dem Chef des Auktionshauses Villa Grisebach, hin und wieder geholfen, nach den Kunstauktionen Dinners auszurichten. Freunde haben mir sehr zugeredet, das doch einfach

Was ist Ihr Erfolgsgeheimnis?

Ein erstklassiges Event zeichnet sich vor allem dadurch aus, dass es bis ins kleinste Detail konzipiert ist. Die Veranstaltung muss ein Gesamtkunstwerk sein. Von kalligrafierten Einladungen bis hin zu den Frisuren der Hostessen.

Stichwort Hostessen! Die Berühmten.

Angefangen hat das Ende der achtziger Jahre mit meiner Tochter und ihren Freundinnen aus unserem Freundeskreis, die es, ähnlich wie ich, zuerst spielerisch angingen. Daraus haben wir einen bestimmten Stil entwickelt. Dazu gehören auch Gespräche über die Unternehmens-

Mit ihrer Grundschulklasse im Hamburger Mittelweg

philosophie des jeweiligen Kunden. Sie geben den Veranstaltungen ein ganz bestimmtes, unroutiniertes Flair, wie es sonst nur bei privaten Einladungen der Fall ist, wo die Kinder des Hauses mithelfen. Mir ist es lieber, jemand bedient nicht ganz perfekt, aber gibt dem Gast das Gefühl von Herzlichkeit. Ich rekrutierte kräftig im Freundeskreis meiner Studentensöhne, was manchmal zu Konflikten führte, weil die Söhne stets mit großem Interesse die Beurteilung der Hostessen studierten und mitunter ihre Freundinnen in der unteren Skala wiederfanden.

Wie wählen Sie aus, wer eingeladen wird?
20.000 Namen potenzieller Gäste aus aller Welt sind in unserer Kartei gespeichert. Die Kartei bleibt „top secret", Namen und Privatadressen sind nun einmal streng vertraulich. Es ist ein Querschnitt durch die Gesellschaft von jung und alt. Berlin war nie die Stadt der hohen Würdenträger. Darum waren wir schon immer darauf angewiesen einen interessanten Mix aus den verschiedensten Branchen, Schichten und Generationen zusammenzustellen. So ist es bis heute geblieben. Nicht Titel und Funktionen bringen die Menschen auf die Gästeliste, sondern das was sie ausstrahlen und tun.

Wir haben auch sehr viele Anfragen von Menschen, die neu nach Berlin gezogen sind und am kulturellen und gesellschaftlichen Leben teilhaben wollen. Manche bieten uns sogar hohe Summen für einen „Eintritt in die Gesellschaft".

Und, klappt das?
Nein, mit dieser Dienstleistung können wir nicht aufwarten. Allerdings streichen wir durchaus mal Namen von der Liste. Jene, die nie zusagen, also offenbar kein gesellschaftliches Interesse haben. Auch die so genannten No-Shows, Leute, die trotz Zusage nicht zu einer Veranstaltung kommen und hässliche Lücken an den sorgfältig geplanten Tafeln hinterlassen, streichen wir, genau wie die ewigen Nörgler, die erwarten, dass nur für sie Programm gemacht werde und nicht bereit sind, auch selbst zum Gelingen einer Veranstaltung beizutragen. Gäste die sich – wie kürzlich bei einer Charity Gala – lauthals über ihr Placement beschweren oder deswegen sogar den Saal verlassen, oder Gäste, die als erstes die Tischkarten vertauschen, wollen wir auch nicht dabei haben.

Wie kommt die richtige Mischung zustande?
Jeder muss dem anderen etwas geben können, was dieser nicht besitzt. Es macht zum Beispiel wenig Sinn, nur Vorstände der Banken oder die gesamte intellektuelle Elite Berlins einzuladen. Unabdingbar zum Gelingen eines Dinners ist eine feste Sitzordnung, die klug neue Bekanntschaften stiftet. Bei Stehempfängen achte

Beim Abschlussball

ich darauf, die Gäste miteinander bekannt zu machen. Das gehört zu den wichtigsten Aufgaben einer Gastgeberin. Und als solche muss man bei jedem Ereignis diskret agieren, auch wenn man offiziell Organisatorin der Veranstaltung ist.

Sie gelten als die Gesellschafts-Königin von Berlin und vorbildlich, was Eleganz anbetrifft!

Das ist zwar ein Riesenkompliment, aber die Realität sieht anders aus: Als Dienstleister muss ich häufig bis tief in die Nacht unterwegs sein. Die Stunden werden nicht gezählt. Was nach Glamour aussieht, ist harte Arbeit. Ich kann mich auch nicht als besonders elegant empfinden. Man hat halt seinen Stil – und bleibt ihm treu. Im Laufe der Zeit sammelt sich schon so ein bisschen was im Kleiderschrank an. Aber meine Lieblingsstücke ziehe ich pausenlos an.

Gibt es Ereignisse, an die Sie sich besonders gern erinnern?

Ein Meilenstein ist zweifellos die Verleihung des Bundesverdienstkreuzes an Steven Spielberg durch den damaligen Bundespräsidenten Roman Herzog im Spätsommer 1998.
Ein anderes Highlight ganz unpolitischer Art war für mich die parodistisch überhöhte Aufführung der Operette „Im weißen Rößl" in der Bar jeder Vernunft mit den Sängern Meret Becker, Max Raabe und den Geschwistern Pfister. Grandios! Zur Premiere versammelte sich eine ganz eigene, durch die Lust am Spektakel inspirierte Art von Gesellschaft, eingeladen von dem Kunst-Anwalt und Mäzen Peter Raue.

Weshalb setzen Sie sich so engagiert für den Verein „Innocence in Danger" ein?

Je älter man wird, desto klarer wird das Gefühl, dass man etwas tun muss, dass man Verantwortung trägt. Ich habe großes Glück gehabt im Leben und möchte davon etwas weitergeben. In meinem Fall ist es der Verein „Innocence in Danger". Wir haben ihn hier in Berlin als Ableger einer internationalen Organisation gegründet. Ziel ist der Kampf gegen Missbrauch von Kindern im Internet. Das ist ein sehr ernstes Thema, ein spezielles Thema, das immer wichtiger wird. Mit einem Event dafür Geld und Aufmerksamkeit zu generieren, erfüllt mich mit tiefer Befriedigung.

Andreas und Isa von Hardenberg

Berlin findet sich

Politik, Kultur und Gesellschaft in Berlin 1945–1989
Christoph Stölzl

In Billy Wilders schwarzer Filmkomödie von 1948 „A Foreign Affair" spielt Marlene Dietrich eine zwielichtige Deutsche. Zur Musik von Friedrich Hollaender singt sie in dem Lied „Black Market":

„I'm selling out, take all I've got—ambitions, convictions, the works. Why not?"

Wilders Film, der von Lüge, Verrat und dem moralischen Auf und Ab von Berliner Biografien erzählt, ist ein getreuer Spiegel der ruinierten Berliner Gesellschaft nach dem Zweiten Weltkrieg – gesehen aus der illusionslosen Perspektive von drei Emigranten, die einigermaßen fassungslos den Kontrast zwischen „ihrem" strahlenden Berlin der Zwanzigerjahre und dem riesigen Schutthaufen von 1946 zu verkraften suchten. In den Jahren nach 1945 war fast alles verschwunden, was einst den Glanz und die Attraktivität der Berliner Gesellschaft ausgemacht hatte: Zum einen war die jüdische Gemeinde, die mit ihrer Neugier und Weltoffenheit den gesellschaftlichen Stil und die öffentliche Meinung maßgeblich mitgeprägt hatte, ermordet oder in alle Himmelsrichtungen zerstreut. Zum anderen war der preußische Adel seiner ländlichen Basis im östlichen Deutschland beraubt und tief getroffen durch die Kriegskatastrophe. Und nicht zuletzt wanderte das wirtschaftlich erfolgreiche Großbürgertum Berlins durch den Erdrutsch von Hauptverwaltungen, Industriebetrieben, Banken, Versicherungen nach Süden und Westen ab. Allein die Künstler, ob im Theater, in der Musik oder bildenden Kunst, hielten eine Erinnerung an Berlins einstige kulturelle Größe wach – wenngleich der Exodus nach 1933 die Weltgeltung von Berlin für immer beendet hatte.

Berlin, von 1918–1933 demokratische „Menschenwerkstatt", wie Heinrich Mann sie nennt, und eine der großen Kulturhauptstädte

Marlene Dietrich in Berlin

Gregory Peck am Brandenburger Tor

Europas, war in den Jahren nach 1945 zunächst eine Wüstenei. Die Trümmerwüste wurde Hauptschauplatz des Kalten Krieges und Ort einiger der gefährlichsten Konfrontationen. Ihr westlicher Teil, von Amerikanern, Briten und Franzosen besetzt, als Insel mitten im Herrschaftsbereich der Sowjets gelegen, sollte sich alsbald zum „Outpost of Freedom" wandeln. Ihr östlicher Teil, dem die alte Stadtmitte zugehörte, begann eine Laufbahn als Zentrum der kommunistischen Herrschaft über den sowjetisch besetzten Teil Deutschlands. Berlin wurde bis 1961 ein einzigartiges historisches Phänomen. Als Theorie blieb die Viermächteverantwortung für Berlin bestehen und, anders als im restlichen Deutschland, war die Grenze zwischen sowjetischem und westlichem Machtbereich bis zum 13. August 1961 offen. Auf den massiv betriebenen kommunistischen Machtanspruch auf die ganze Stadt antwortete das westliche Berlin 1949 mit der Schaffung eines institutionell kompletten freien Gemeinwesens. Ein demokratisches Stadtparlament, eine demokratisch kontrollierte Verwaltung entstanden, aber auch neue Kulturinstitutionen wie die Freie Universität. Dies alles geschah unter dem existenziellen Druck einer sowjetischen Blockade Westberlins, das 1948/49 ein Jahr lang nur über den Luftweg versorgt werden konnte. Der Sieg über die Blockade war eine logistische Meisterleistung der westlichen

Welt. Er war vor allem aber ein Wendepunkt im Verhältnis zum besiegten Deutschland. In Berlin begann, in aller Vorsicht, so etwas wie eine Freundschaft zu den noch vor Kurzem tödlich bedrohlichen Deutschen. Dass die Völker der Welt auf das freie Berlin schauen sollten, wurde seit der legendären Rede des Bürgermeisters Ernst Reuter am 9. September 1949 ein geflügeltes Wort. 1949 wurde erst die Bundesrepublik, dann die DDR gegründet.

Beide Staaten begannen eine heftige Konkurrenz um die Meinungsführerschaft in Berlin. Rigorose Parteidiktatur und demonstrative Sozial- und Kulturstaatlichkeit gingen in der „Hauptstadt der DDR" Hand in Hand. Das Stadtzentrum wurde nach sowjetischem Vorbild neu gestaltet; dem Abriss des Hohenzollernschlosses folgte der Bau der Stalinallee, aber auch der Wiederaufbau der Oper Unter den Linden. 1951 kamen zwei Millionen Jugendliche zu propagandistisch gelenkten „Weltfestspielen" nach Ostberlin. Mit Brechts Berliner Ensemble und Felsensteins Komischer Oper bekam die DDR zwei avantgardistische Staatstheater. Dass die Menschen in der DDR trotz Druck und Verlockung dennoch den Kommunismus ablehnten, erfuhr das Regime auf schockierende Weise am 17. Juni 1953. Der Volksaufstand und seine brutale Niederschlagung durch sowjetische Truppen prägten von da an das Bewusstsein ganz Berlins: Im Osten wusste man, dass der neue Staat auf tönernen Füßen stand. Im Wes-

Marianne Strauß,
Axel Springer,
Friede Springer,
Ministerpräsident
Franz Josef Strauß

ten wusste man, dass nur eine unverbrüchliche Treue zu den Schutzmächten die freiheitliche Lebensform garantieren würde – was das sowjetische Berlin-Ultimatum von 1958 drastisch bewies. Westberlin wurde zum „Schaufenster der Freiheit": 1951 Gründung der Filmfestspiele und der Festwochen, 1954 Gründung der Akademie der Künste und glanzvoller Ausbau der Freien Universität mit amerikanischen Spendenmitteln, Internationale Bauausstellung 1957, im gleichen Jahr Gründung der Stiftung Preußischer Kulturbesitz – inmitten der immer noch schwer vom Krieg gezeichneten Stadt blühte ein Kulturleben auf, das schnell vorbildlich für die anderen westdeutschen Städte wurde. Als Gottfried Benn 1955 schrieb: „Berlin liegt wie Angkor im Urwald, und die Fahrten zu ihm sind Expeditionen, unternommen halb aus Neugier und halb aus Wehmut", war der Wiederaufstieg Berlins zu einer der großen Kulturstädte der Welt längst im Gang.

Dass im Berlin des Kalten Krieges weder im Westen noch im Osten so etwas wie eine normale, hierarchisch gegliederte, auf gesicherte Normen gegründete Gesellschaft wachsen konnte, versteht sich von selbst. Wie sollte man entspannt feiern, wenn im Osten die Angst vor der Partei und im Westen die Sorge um die staatliche Existenz umging? Die „Hauptstadt der DDR" sah zwar eine sowjetisierte Nomenklatura und ein Kulturmilieu unter misstrauischer Kontrolle durch die SED, aber der stete Flüchtlingsstrom veränderte die Ostberliner Koordinaten bis zum Mauerbau ständig. Im westlichen Berlin bildeten die alliierten Stadtkommandanten und das Offizierskorps der Schutzmächte eine Art Ersatzgesellschaft, vorsichtig verzahnt mit den Berliner politisch und kulturell Verantwortlichen. Diese Westberliner Gesellschaft war ein zartes Pflänzchen, das bescheiden um die Kristallisationskerne aus Museen und Theater, den Festspielen und das Musikleben zu wachsen begann. Dabei waren Solidaritätsgesten der westdeutschen Gesellschaft unübersehbar: So engagierten sich z. B. viele Bürger der übrigen Bundesrepublik im Freundeskreis der Deutschen Oper Berlin.

Alle positiven Ansätze zu einer gesellschaftlichen Normalisierung Westberlins wurden aber brutal unterbrochen durch den überraschenden Bau

Außenminister Hans-Dietrich Genscher

in der Geschichte keine Parallele gab. Demonstrativ forcierte die DDR-Führung nach 1961 die optische Verwandlung Ostberlins in eine sozialistische Musterstadt. Die „Hauptstadt der DDR" gab sich selbstbewusst. Auch die Nomenklaturagesellschaft stabilisierte sich angesichts der Abschottung vom Westen.

Im westlichen Berlin war es nach dem Mauerbau schwierig, wieder Tritt zu fassen. Der Exodus der Wirtschaft, die Berlin verloren gab, riss zunächst nicht ab. Die Rettung der Ökonomie der eingemauerten Stadt konnte nur durch ein kompliziertes System von Beihilfen, Steuervorteilen und Sonderregelungen einigermaßen stabilisiert werden. Vor allem im Umfeld der subventionierten Bauwirtschaft entstand jetzt so etwas wie ein finanzkräftiges Bürgertum, teilweise mit Zügen von demonstrativem Neureichtum. Dazu wurde die Zuwanderung ausländischer Arbeitskräfte angekurbelt. Bis Mitte der 1970er-Jahre wurde Westberlin zur zweitgrößten „türkischen Großstadt" nach Istanbul.

der Berliner Mauer im Sommer 1961. In seinem Roman „Der Mauerspringer" von 1982 schreibt Peter Schneider: „Aus der Luft betrachtet, bietet die Stadt einen durchaus einheitlichen Anblick. Nichts bringt den Ortsunkundigen auf die Idee, dass er sich einer Gegend nähert, in der zwei politische Kontinente aufeinanderstoßen." Wer aber nur einen Tag hier verbracht hatte, wusste, dass die Mauer der Inbegriff Berlins war. Walter Ulbrichts Coup, von den Berlinern erst als Schock, dann – wegen der Untätigkeit der westlichen Welt – als Skandal, und schließlich als immerwährender Schmerz erlebt, machte Berlin endgültig zu einem Unikum, zu dem es

Wie Ostberlin setzte auch Westberlin energisch auf symbolische Architektur. Schon Ende 1961 wurden mit Egon Eiermanns modernem Neu-

Punks in den 80er Jahren

bau der Gedächtniskirche und der Deutschen Oper zwei wichtige Prestigebauten fertiggestellt und in den Folgejahren wurde die City am Zoo ehrgeizig ausgebaut. 1965 entstand als Wahrzeichen des Westens das Europa-Center. Berlins wirkliche Wachstumsbranche wurde aber dank der Konzentration von Wissenschaft und Künsten die Kultur. Seit Mitte der 1960er-Jahre gab Westberlin mehr Geld für Kultur aus als jede andere bundesrepublikanische Stadt. Kurz nach dem Mauerbau fiel der Entschluss für die Errichtung des Kulturforums mit den avantgardistischen Bauten Hans Scharouns für Philharmonie und Staatsbibliothek. Unweit davon entstand bis 1968 die Neue Nationalgalerie Mies van der Rohes, ein radikaler Bau der Moderne im klassischen Bauhausstil.

Das westliche Berlin schien sich also wenige Jahre nach dem Mauerbau wieder konsolidieren zu können. Von einer „Gesellschaft", vergleichbar jener, die in Hamburg und München zur gleichen Zeit sichtbar war, konnte gleichwohl keine Rede sein. Der Zustrom von Künstlern, Wissenschaftlern und Intellektuellen machte die informelle Geselligkeit sicher zu einer der interessantesten in Europa. Aber in den äußeren Formen war asketische Bescheidenheit angesagt, Konzentration auf intellektuelles Prestige war wichtiger als repräsentativer Glanz. Berlin war eine Stadt, deren Stimmung auf „Durchhalten" gestimmt war, auch wenn die unmittelbare Existenzgefährdung im Laufe der Jahre nach 1961 immer geringer wurde. Zum Gefühl der Entspannung trug bei, dass in mehreren Passierscheinabkommen eine gewisse Durchlässigkeit der Mauer von West nach Ost erreicht werden konnte. „Wandel durch Annäherung" wurde die im Umfeld des Berliner Bürgermeisters Willy Brandt entwickelte Strategie gegenüber der DDR genannt. Mitten hinein in das erfreuliche Aufblühen der Westberliner Verhältnisse platzte ab 1965 die Rebellion der akademischen Jugend, die sich am Protest gegen den Vietnamkrieg der USA entzündete. Er fand ein lautes Echo, weil sich Westberlin seit Langem als Metropole aller „alternativen" Lebensstile etabliert hatte. Von 1968 bis 1975

Friede und Axel Springer

zeigte Westberlin ein Doppelgesicht: einerseits eine erfolgreiche Stadt der Künste – andererseits zugleich Biotop revolutionärer oder scheinrevolutionärer Experimente.

Während in Westberlin ab 1968 eine starke ideologische Polarisierung stattfand, die endgültig das Entstehen einer entspannten, auf sozialen Konsens gegründeten bürgerlichen Gesellschaft blockierte, schien sich in Ostberlin 1972 mit dem Beginn der Ära Erich Honecker eine Liberalisierung anzudeuten. Friedrich der Große und andere Zeichen der preußischen Vergangenheit erschienen wieder im Stadtbild. Die alten Tugenden sollten paradoxerweise zur Stabilisierung der klassenkämpferischen DDR dienen. Der Stadt freilich schenkte die neue Preußenfreude – auf Kosten des Verfalls der anderen historischen Städte der DDR! – ein urbanes Juwel: Der Gendarmenmarkt, seit dem Krieg als Trümmerfeld vor sich hindämmernd, wurde mit den beiden friderizianischen Domen mit ihren mächtigen Türmen wiederaufgebaut, samt Schinkels luxuriös ornamentiertem Schauspielhaus, das 1984 als Konkurrenz zu Hans

Verleger Wolf Jobst Siedler

Bundespräsident Dr. Richard von Weizsäcker

1970er-Jahre aus Berlin kamen, waren dazu angetan, den staunenden Bundesbürgern den Eindruck zu vermitteln, die frühere Hauptstadt sei vornehmlich der Schauplatz dramatischer Konfrontationen und extremer Lebensweisen. Westberlin war die deutsche Stadt, wo sich die antibürgerliche Gegengesellschaft am machtvollsten organisierte und inszenierte, sogar in einer politischen Partei, der „Alternativen Liste". Es war auch die Stadt, wo sich die fließende Grenze zwischen „alternativem" Leben, Absturz ins soziale Nirgendwo und Kriminalität täglich veränderte. 1978 erschien der Bestseller „Wir Kinder vom Bahnhof Zoo", in dem das Elend Zehntausender von Drogensüchtigen authentisch beschrieben wurde. Auch die Hausbesetzer fanden in Berlin ihr Mekka; nirgendwo sonst konnte man so leicht an der Eigentumsordnung rütteln.

Scharouns Philharmonie eröffnet wurde. Zugleich aber begann der Bau des demonstrativ modernen „Palastes der Republik" als Symbol einer zukunftssicheren „sozialistischen Nation".

Das Phänomen der „Insel" Berlin mochte durch den Grundlagenvertrag von 1972 und die Eröffnung der „Ständigen Vertretung" 1974 allmählich seine weltpolitische Dramatik verlieren – exotisch blieb es für den Westen dennoch. Das arbeitende Berlin und seine vielfach künstlichen Lebensbedingungen waren dabei viel weniger prominent als die skandalumwitterten Subkulturen. Viele Nachrichten, die Mitte der

Die Faszination, die in den 1970er- und 1980er-Jahren von Westberlin ausging, rührte zudem von der unverwüstlichen Erinnerung an die Aura der Weimarer Republik her. Dass 1977 die ganze Stadt im Zeichen der Europaratsausstellung „Tendenzen der zwanziger Jahre" stand, war ein Symbol, das weit über den Kulturbetrieb hinausging. Ein Hauch der „Roaring Twenties", von Dekadenz und Verruchtheit wehte durch die Untergrundquartiere. Das von der Normalität der Bundesrepublik so völlig abweichende Klima zog nomadische Künstler aus der ganzen Welt an. „Punk" schlug zeitweise seine Zelte in Berlin auf; der kommende Weltstar David Bowie etwa pilgerte auf den Spuren der Katastrophengeschichte Berlins im 20. Jahrhundert durch Ruinen und Kneipen. Die Stadt erschien vielen wie die Endlosschleife eines Historienfilms, ebenso unwirklich wie schockierend.

Zum großen Erstaunen für die, welche Berlin für immer als morbiden „Themenpark" abgeschrieben hatten, veränderte sich freilich das politische Gesicht der Stadt Anfang der 1980er-Jahre abrupt in ein positives und zukunftsträchtiges. Diesen Umschwung bewirkte die charismatische Gestalt Richard von

Weizsäckers. Mit ihm kam zu Beginn der 1980er-Jahre der Angehörige einer Familie zurück in die Stadt, die zur alten Berliner Elite gehörte. Weizsäcker bildete im Juni 1981 eine CDU/FDP-Koalition, die sich eine soziale Stabilisierung der Stadt und die Rückkehr zu „bürgerlichen" Sitten auf die Fahne schrieb. Zugleich konnte Weizsäcker mit der Eröffnung der (noch vom SPD-Senat initiierten) spektakulären „Preußen"-Ausstellung sofort programmatische Akzente setzen. Und Weizsäcker formulierte etwas, das es lange nicht gegeben hatte: die Vision einer Wiederkehr Berlins in den Kreis attraktiver, in die Weltkultur und Weltzivilisation eingebundener Metropolen. Im Kreis um Weizsäcker fanden sich sehr schnell alle Kräfte, die an einen Wiederaufstieg Berlins glaubten: der Verleger Axel Springer und seine Frau Friede, der Publizist Wolf Jobst Siedler und der Architekt und Städteplaner Josef Paul Kleihues, der kunstsinnige Rechtsanwalt Peter Raue und der Kunsthändler Bernd Schultz. Die Wiederentdeckung der bürgerlichen Stadt wurde von Wolf Jobst Siedler wortmächtig propagiert. Siedlers Streben fand ein Echo nicht nur in einem Wandel des Denkmalschutzes, sondern auch in Joseph Paul Kleihues' urbanistischer Großtat, der Internationalen Bauausstellung in den 1980er Jahren. Der 1977 von Peter Raue gegründete „Verein der Freunde der Nationalgalerie" entwickelte sich nun, im Zuges des erstmals zu sichtbarem Selbstbewusstsein erwachenden Berliner Bürgertums, zu einer Plattform kulturbewusster Geselligkeit. Das gemeinsame Leitmotiv all dieser unterschiedlichen Köpfe war die Frage, ob sich die von der Geschichte geschüttelte, aus der Hauptstadtrolle verstoßene Stadt durch eine kulturelle und politische Wiedergeburt aus

Eröffnung der Villa Grisebach

eigener Kraft wieder im Reigen europäischer Metropolen etablieren konnte. Seit Beginn der 1980er-Jahre wurde damit Berlins Stadtphilosophie wieder zu einem brennenden Thema der intellektuellen Eliten in Deutschland. Der gleichfalls zum Kreis um Richard von Weizsäcker gehörende Joachim Fest gab in der „Frankfurter Allgemeinen Zeitung" die Bühne dafür frei.

Seit 1963 lebt der bereits erwähnte Bremer Kaufmannssohn Bernd Schultz in Berlin. Seine enthusiastischen Kunstneigungen hatten ihn aus dem Bankfach in den Kunsthandel geführt. Lebensbestimmend wurden die Mentoren des jungen Mannes, die eine direkte Verbindung zu der 1933 abrupt abgebrochenen Glanzzeit des Berliner kulturellen Lebens herstellten: Edwin Redslob, der einstige „Reichskunstwart" der Weimarer Republik, in Westberlin Gründer der Zeitung „Der Tagesspiegel" und Mitbegründer des Berlin-Museums, Leopold

Linkes Bild:
Prof. Gotthard Graubner und Galerist Bernd Schultz

Rechtes Bild:
Prof. Joachim Fest und Ingrid Fest

Reidemeister, Museumsherold des deutschen Expressionismus, und Otto von Simson, Doyen der deutschen Kunsthistorie aus preußisch-jüdischer Familie. Schultz war Vorstand des Berliner Kunsthändlerverbandes, als der neue Regierende Bürgermeister Richard von Weizsäcker das bürgerliche Berlin aufforderte, demonstrative Zeichen zu setzen. Schultz antwortete mit der Idee der „Orangerie", einer Kunstmesse im Schloss Charlottenburg von höchstem Anspruch. 1982 fand sie zum ersten Mal statt, ein kühnes Wagnis in einer Stadt, die jenseits der großen Strecken des europäischen Kunsthandels lag und die Kunst sammelnden Kreise nach 1933 verloren hatte. Die „Orangerie" war ein publizistischer Erfolg für Berlins neuen Geist. Diese positive Erfahrung, aber auch der zugleich in London sichtbar werdende Wandel des internationalen Kunsthandels von einer diskreten Sache der Händler zu einem inszenierten gesellschaftlichen „Event", inspirierten Schultz zum nächsten Schritt: der Gründung eines Berliner Auktionshaus für Klassische Moderne und Gegenwartskunst. Er war ungleich riskanter. Ausgerechnet im Mauer-Berlin von 1986 ein ehrgeiziges Auktionshaus zu wagen, hielten viele Kenner für selbstmörderisch. Doch das Gegenteil trat ein. Das Unternehmen war nicht nur ein kaufmännischer, sondern auch ein gesellschaftlicher Durchbruch, denn mit der Villa Grisebach entstand eine Drehscheibe für die Anknüpfung kultureller und sozialer Beziehungen, die alsbald ein Pro-Berlin-Netzwerk wachsen ließen, in dem die Kulturpolitik mit dem geselligen Leben verschmolz. Nach 1989 sollten von hier aus zwei folgenreiche Initiativen starten: Bernd Schultz und seine Freunde organisierten 1990/91 die publizistische Werbekampagne für die Hauptstadt Berlin und dann Anfang der 1990er-Jahre die Bewegung für die Wiedererrichtung des Berliner Schlosses.

Zum Erfolg trug auch die Location bei: Durch die Rettung des Architekturensembles an der Fasanenstraße entstanden in liebevoller Restaurierung neben dem Auktionshaus das Literaturhaus Berlin und das Käthe-Kollwitz-Museum.

Mit der ersten Auktion der Villa Grisebach im Jahr 1986 erscheint auch ein weiteres Mitglied des Kreises um Richard von Weizsäcker, der inzwischen Bundespräsident geworden war, in der Öffentlichkeit: Isa von Hardenberg. Mit Bernd Schultz befreundet, organisierte sie im Stil ihres gesellschaftlich äußerst erfolgreichen offenen Hauses den Empfang zum Grisebach-Start. Beides stand unter einem guten Stern: Grisebach machte Karriere im Auktionswesen und brachte die internationale Elite der Sammler periodisch nach Berlin. Und Isa von Hardenberg entdeckte gleichsam spielerisch eine Begabung, die alsbald zur Berufung wurde.

Als das Wunder der Maueröffnung und Wiedervereinigung die gesellschaftliche Bühne Berlins über Nacht revolutionierte, stand eine Kompetenz bereit, die von niemand geplant und doch dringend nötig war. Und die groß genug war, um der Geselligkeit Berlins jene Form zu geben, die dem Bedeutungszuwachs der Stadt und dem sprunghaften Zustrom von Eliten angemessen war. Als 1996 das zehnjährige Jubiläum der Villa Grisebach gefeiert wurde, war es selbstverständlich, dass Hardenberg Concept das Fest ausrichtete: Die beiden Pflänzchen von 1986 waren zu vitalen Bäumen herangewachsen.

Berlin in den Tagen des Mauerfalls

Allen voraus
Florian Langenscheidt

Wenn es sie nicht gäbe, müsste man sie erfinden. Isa von Hardenberg war bereits beim Fall der Mauer allen voraus mit der Gründung ihres kleinen Imperiums. Was viele erst im neuen Jahrtausend merkten, spürte sie schon 1989: Berlin würde das Herz Deutschlands werden, wild pochend und voller Kraft. Wenn heute die wichtigsten Events der Republik in Berlin stattfinden, ist dies auch Isas Verdienst. Sie machte immer wieder das Unmögliche möglich. Deswegen sei ihr folgender Text gewidmet:

Berlin, Du allein
machst das Unmögliche möglich

Du bist arm und reich, sexy und ruppig zugleich.
Du lässt Ostgranden erzittern und Mauern erbeben.
Du ertrinkst in Schuld und lässt doch an jeder Ecke bauen,
Brücke zwischen West und Ost und auch aus Luft.

Nur hier brennt die Luft – und es gibt sie in Dosen.
Nur hier wird Oper gekillt, während Ballhaus und Club florieren.
Nur hier schwimmen Weltmuseen auf Inseln durch die Zeit,
gibt es Currywurst im Smoking und filmehrende Bären.

Nur hier steht das Mahnmal des Grauens neben dem Tor des Friedens.
Nur hier gibt es so viele Restaurants und doch nur eines.
Nur hier grüßen Nationen von Dom zu Dom,
und schlägt das Herz unsrer Freiheit.

Nur hier träumt man vom Schloss,
während Stahl und Glas in den Himmel sich türmen.
Nur hier wächst aus Silbergletschern gläsern ein Ei der Demokratie,
und lebten einst Mauerspecht und Broiler nur durch 'nen November getrennt.

Berlin, Du allein
machst das Unmögliche möglich.

Gesellschaftsspiel

Inga Griese

Die Queen amüsierte sich königlich. Sie kicherte, flüsterte mit ihrem Mann Prinz Philip, klatschte und strahlte. Dieselbe feine Dame, der wir kurz zuvor ehrfürchtig die überraschend zarte, satinbezogene Hand reichen durften.
Es war der Anfang der neuen Zeit in Berlin. Das „Last Tattoo" in der Deutschlandhalle, im Herbst 1992. Der letzte große Zapfenstreich der Briten vor ihrem endgültigen Abzug zwei Jahre später. Die Tattoos waren Militärshows in Musical-Qualität. Pferde, Musik, Uniformen, Tradition. Genau die Art Spektakel, die die Queen gern hat und auch die Berliner viele Jahre schätzten. Das erste British Berlin Tattoo hatte bereits 1947 auf dem Maifeld stattgefunden.
Doch die Zeit der Alliierten, die Zeit als man per Verordnung nie ohne Personalausweis und auf gar keinen Fall mit einem sichtbaren Fleischmesser das Haus verlassen durfte, neigte sich dem Ende zu und die Queen kam zum Farewell, zum letzten Zapfenstreich vor dem Abzug der Truppen 1994, zum ersten Mal wirkten auch Angehörige der Bundeswehr mit. Berlin war nicht mehr länger beschütztes Provisorium sondern regulärer Teil und Zentrum von Deutschland. Von Europa.
Jedenfalls glaubten das damals alle. Beschworen es. Berlin! Das klang wie ein Schlachtruf bis in die höchsten Kreise hinein. Alles auf Anfang! Berlin, das wäre der Ort der Zukunft, hieß es allenthalben und in allen Reden. Dabei schweifte der Blick nach vorn gern ab, nach hinten und zur Seite. Die „Wie-Zeit" begann.

Wie in den Zwanzigern! Wie vor dem Krieg! Wie New York! Jedes halbwegs kultivierte Treffen wurde plötzlich zum Salon erklärt und alle Gala-Dinners, Theater-Soireen und Club-Eröffnungen umwehte die Aura einer „Neuen Tradition". Skeptisch beäugt von den Alteingesessenen. Die Ruhe im Grunewald war dahin.
Und überhaupt: Drehscheibe Europas! Das Tor zum Osten! Der Magnet schlechthin! Die Euphorie kannte so wenig Grenzen, wie die Baugruben in Mitte, Europas größte Baustelle. Was sonst. Eine Stadt, in der die Besucher eines Beach Boys Konzertes in der Waldbühne bei gefühlten fünf Grad und Dauerregen im Hochsommer tanzen, als befänden sie sich am Strand von Venice Beach, war leichter zu euphorisieren als das aufgeräumte Bonn. Von Eleganz selten eine Spur. Dafür jede Menge Schnauze.
Berlin konnte nicht auf die in anderen Großstädten gewachsenen Strukturen zurückgreifen. Es gab Amigo-Runden, aber keine „herrschenden" Familien, keine dauerhaften Codes. Eleganz in Umgang und Auftreten? Na, wat denn! Die Spreenorm war freier, aber auch schnodderiger. Sicher, es gab auch schon vor der Wende feine, kluge, intellektuell interessierte Runden, zu deren Selbstverständnis allerdings nicht die Öffentlichkeit gehörte, weshalb sie auch nur wenig wahrgenommen wurden. Man besuchte Berlin, aber man zog nicht dorthin. Eine Einstellung, die die Wagenburg-Mentalität, auch die gesellschaftliche, in der Ostfrontstadt natürlich beförderte. Das gehobene Bürgertum war

Filmstar Cameron Diaz in Berlin

in der absoluten Minderheit, es konnte das Bild nicht prägen. Man traf sich zum Open House bei den Hardenbergs, im Verein der Freunde der Nationalgalerie, bei Heiner und Ulla Pietzsch zum Bilder-Bestaunen, beim Geburtstag von Friede Springer auf Schwanenwerder, bei Wolf Jobst Siedler zum intellektuellen Austausch, in der Villa Grisebach zum Kunstverständnis, zur Modenschau bei Sandra Pabst, bei den Dinners der Alliierten oder auch mal in der Paris Bar. Es war eine überschaubare Welt, in der sich alle kannten, die Prominenten, die Baulöwen, die bunten Vögel, die Politiker, die Klatschkolumnisten. Der Presseball der Berliner Journalisten galt als gesellschaftliches Muss. Dort sah man füllige Damen in reichlich Tüll und schweren Volants die Rolltreppen des mühsam zu dekorierenden Messezentrums herauf fahren, begleitet von rotgesichtigen Gatten, die in farbenfrohen Smokings steckten oder merkwürdige Dinnerjackets trugen mit Bauchbinde, Fliege und Einstecktuch im gleichgemusterten Synthetikset. Die Qualität des Abends wurde gemessen an der Üppigkeit des Büffets und an den Preisen der Tombola. Harald Juhnke war der Mega-VIP, Bauunternehmer Klaus Groenke gab den Paten, der wendige Juwelier David Goldberg hatte immer ein paar Schmuckstücke für alle Fälle am Mann und so mancher mühte

> Überliefert ist aus der Zeit folgende Anekdote: Richard von Weizsäcker, der als einer der Retter von Berlin gilt, weil er in den achtziger Jahren als zugezogener Regierender Bürgermeister ungeahnten Wind und Aufschwung brachte, lobte einst Wolf Jobst Siedlers Runden als verlässlichen Mittelpunkt des intellektuellen Berlins. „Siedler", soll Weizsäcker gerufen haben, „Ihr Haus ist das einzige in Berlin, in dem es noch so ist wie in den großen Zwanziger Jahren." Der so Geehrte antwortete trocken: „Wenn mein kleines Reihenhaus schon diese Rolle spielen muss, dann muss es ja trostlos um Berlin bestellt sein."

S.K.H. Prinz Philip, Herzog von Edinburgh und I.M. Queen Elizabeth mit Bundespräsident Horst Köhler und Eva Luise Köhler

sich vergebens eine Einladung zu seiner „Goldi-Gala" zu bekommen. Inzwischen ist es umgekehrt.

Zu den gesellschaftlichen Ereignissen zählte auch die „Hutparty" von Ulla Klingbeil, deren Mann Karsten mit Immobilien zu Vermögen gekommen war und sich später der Bildhauerei widmete. Hutparty bedeutete, dass die Damen mit hemmungslosem Mut zum Hut kamen, was für „molto elegante" gehalten wurde, – und dass man dem guten Zweck auch etwas in den Hut warf. Die Mischung aus Hemmungslosigkeit im Auftritt einerseits und Engagement andererseits war durchaus populär. Ich traf die resolute Ulla Klingbeil das erste Mal in einem Leopardenmusterdress auf einem Leopardenmustersofa in ihrem Haus am Wannsee an und es brauchte keine drei Sätze, bis sie mir mit gut gemeintem Ratgeberton berichtete, wie sie sich ihren Mann geangelt hätte. Das sei in etwa so gegangen: Sie managte sein Vorzimmer und sein Leben, drückte ihn schließlich eines Tages an, um nicht zu sagen in ihr ausladendes Dekolletee hinein und sagte: „Da gehörst Du hin."

Das fand er auch. Nach dieser Geschichte zeigte Frau Klingbeil mir ihre beeindruckende Puppenstubensammlung (die inzwischen zu einem attraktiven Miniaturenmuseum ausgewachsen ist). Eine Puppenstube war der Traum, der ihr als Kind verwehrt war. Auch darüber beschönigte sie nichts. Und ich als Zugereiste begriff, was es mit dem berühmten Begriff „Herz mit Schnauze" auf sich hat.

Das Selbstbewusstsein ist wohl an keinem Ort so hoch wie in Berlin, eine analoge Leistungsbasis ist dafür nicht notwendig. Das nervt und funktioniert. Die Stars der Welt fühlen sich auch deshalb wohl, weil sie in Berlin relativ unbehelligt durch den Alltag kommen. Tom Cruise an der Sandkiste im kinderreichen Szene-Viertel Prenzlauer Berg – na und? Der Mann ist eben auch Vater. Nur die Medien sind aufgeregt. Der Berliner sagt sich: „Berühmt bin ick alleene." Auch wenn die alte Prominenz als Mauerstadtbewohner allmählich verblasst.

Die jungen Leute kommen längst nicht mehr, um eine eingesperrte Stadt anzugucken. Sondern, weil es kaum einen besseren, hipperen und günstigeren Platz auf der Welt gibt, um Party zu machen.

Theodor Fontane schrieb einst: „Vor Gott sind eigentlich alle Menschen Berliner", aber darauf sollte man sich nicht verlassen, zumal das Zitat auf ein ganz anderes Phänomen zielte, nämlich das immer schon geltende ewige Werden von Berlin statt Sein, die Metamorphosen, die immer neuen Zuzügler. Zuziehen ist einfach. Man braucht keinen Bürgen, um

Angelina Jolie und Brad Pitt

Tom Cruise und Katie Holmes mit Tochter Suri beim Shopping auf dem Ku'damm

Anno August und Anne Maria Jagdfeld

Einlass zu finden in die Gesellschaft – die immer noch aus vielen Untergesellschaften und Szenen besteht. Zwanzig Jahre nach dem Fall der Mauer gibt es Events im Ostteil, da kennt der Westler keinen Gast. Abgesehen von dem Regierenden Bürgermeister Klaus Wowereit und dem Regierenden Friseurmeister Udo Walz, die sind einfach überall. Die angesagtesten „Locations" sind zwar im Ostteil angesiedelt, weil er mehr spannende Räumlichkeiten bietet, aber Assimilierung bedeutet das nicht. Überhaupt werden die großen gesellschaftlichen Ereignisse nicht von den Berlinern allein bestritten.

Das ist ja auch eines der Geheimnisse der Events von Isa von Hardenberg. Sie inszeniert Veranstaltungen, egal wie groß oder klein, immer nach dem Grundmuster der Familientradition vom „open house", soll heißen, gemischte Gäste, alt und jung, berühmt und normal, Etablierte und Anfänger, Künstler und Lebenskünstler, Manager und Unternehmer, Einheimische und Zugereiste. Ihre Gästekartei ist riesig und international. Die von ihr organisierte illustre Runde verführte schon bei der Eröffnung der Rembrandt-Ausstellung im Alten Museum im Spätsommer 1991 zu Übermut in der Wahrnehmung der gesellschaftlichen Situation.

Denn Berlin stellt nicht die Society, sondern vor allem die perfekte Kulisse und ein paar sehr gute Darsteller (die allerdings immer mehr werden). Was groß gefeiert werden muss im Land, wird in der Hauptstadt inszeniert. Kunst, Medien und Politik geben den Ton an.

Das erinnerte an eine Szene Jahre zuvor. Gegen Ende des Milleniums, als die Berliner Republik sich formierte und nach der Durststrecke, der Baukranphase und dem Berlin-Bashing eine zweite Euphoriewelle über die Stadt rollte, die goldenen Jahre mit dem Umzug der Bundesregierung unmittelbar bevorstehen sollten, hob sich auf einem der großen Medienfeste, die sich als Vorhut der Bedeutung schon mal etablierten,

> Als die Queen und ihr Mann vor ein paar Jahren mal wieder in der Stadt waren und die aufgereihten Gäste abschritten, fragte Prinz Philip jeden, woher er oder sie denn käme. Nach einiger Zeit rief er ironisch: „Ist hier überhaupt irgendein echter Berliner?"

ein schicker, junger, zugereister Mann bei der Sat-1 Hauptstadtparty auf die Zehenspitzen, lies den Blick kreisen und fragte ohne Harm: „Und wer sind die wichtigen Berliner hier?" Die Angesprochene antworte: „Ööh... da muss ich mal schauen", und suchte die Runde ab. Und das irritierend lange.

Die Zeit des Schönredens zur „First City" war vorbei. Die Neuen waren da. Verunsichert wie die Alten. Wenn es einen Minister gibt, was zählt dann noch der Senator? Die bisherigen Lokalgrößen gehörten nicht mehr automatisch

Patrick Graf von Faber-Castell und seine Frau Mariella Ahrens, Regisseur Oskar Roehler, Iris Berben und Boris Becker, Baron und Baronin Lothar von Maltzahn

dazu, die Zuzügler aber auch nicht. Fast jeder musste sich neu darstellen, positionieren in der Versuchsanordnung, eine „richtige" Gesellschaft zu züchten, eine tonangebende, eine Szene über den einzelnen Gruppierungen der vielschichtigen Metropole. Doch das Amt allein macht in der amerikanischsten deutschen Stadt noch lange keinen Hofstaat. Manch hochrangiger Bonner Beamter musste irritiert feststellen, dass er nicht länger automatisch auf Gästelisten geführt wird. Bei Hardenberg Concept ging ungeahnte Post ein. „Auch meine Kollegen sind sehr interessiert an Ihren schönen Einladungen…"

Events boomten, „Locations" auch. WELT-Literaturpreis im U-Bahn-Rohbau? Wie lässig! FOCUS-Party im entkernten, abrissbereiten

Palast der Republik? Wow! Louis Vuitton im kargen Postfuhramt? Exciting!

Die Kehrseite: Wie findet man im Eventboom den richtigen „place to be" heraus? Den Einladungen mit Hardenberg-Absender konnte man blind zusagen, die Vielfalt dokumentierten, die Entwicklung zur Metropole. Jüdisches Museum, Steven Spielberg beim Bundespräsidenten, Jil Sanders Boutique.

Die Stadt spreizt sich und Hauptsache man ist dabei. Was in anderen Städten als grobe Unhöflichkeit gelten würde, ist in Berlin zur Norm geworden: gern mehrere Veranstaltungen an einem Abend zu besuchen. Zu beachten ist nur, wann man wo mit wem gesehen werden will. Und fotografiert. Ist die Kanzlerin noch bei Burda? Oder schon beim ZDF? Wie, da war Sie schon? Und jetzt bei Manfred Schmidt? Och, Mensch.

Wer mitspielen will, ist willkommen. Ein Leporello an Familiengeschichte ist nicht nötig, wenn jetzt die Söhne der Hotel- und Design-Investoren Anno August und Anne Maria Jagdfeld ins Rampenlicht treten, ist schon von Dynastie die Rede. Geld ist auch nicht so wichtig, Bildung nur an manchen Orten, entscheidend ist der Entertainmentfaktor. „Parvenuepolis", wie Walter Rathenau Berlin taufte, kennt Dünkel nur der Langeweile gegenüber. Wer Interessantes, am besten Kunst, Design, Musik, Mode oder Medien zu bieten hat, darf gleich rein.

Sterne leuchten in Berlin nicht, sie glitzern wie eine Diskokugel. Und werden ausgeknipst, wenn sie die Party verlassen. Erinnern wir uns an Ariane Sommer, das erste deutsche It-Girl (und natürlich auch Hardenberg-Hostess, da aus bestem Hause), in der Badewanne mit Schokoladensoße. An das glamouröse, lustige Schweizer Botschafter-Ehepaar Borer-Fielding, das spießiger Weise abberufen wurde wegen einer Affäre, die Thomas Borer mit einer Frau gehabt haben soll, die fortan als „Botschaftsluder" eine Boulevard-Karriere machte. Sogar über die Stadtgrenze hinaus – weil es Berlin ist. Ariane ist vergessen, das Luder müht sich, die Borer-Fieldings trifft man zufällig auf der Aids-Gala. Die Party findet jetzt bei den Kotenevs statt, dem russischen Botschafter-Paar. Die Feste dort

Verleihung des WELT-Literaturpreises im U-Bahn-Rohbau unter dem Reichstag

Prof. Peter Scholl-Latour und seine Frau Eva, Nina Hagen und Alice Schwarzer, Prälat Dr. Stephan Reimers und Peter Maffay

Prof. Dr. Hubert Burda bei der Publishers' Night

sind auch immer so lustig. Und alle finden Minu Barati ganz toll. Weil sie nicht länger als muffelige Gattin vom muffeligen Joschka Fischer firmiert, sondern aufwändig gestylt als Filmproduzentin in Kameras lächelt. Zuverlässig extravagant, ob beim 80. Geburtstag von Starkoch Wolfram Siebeck, bei der James Bond Filmpremiere oder der Eröffnung des neuen Rolex-Geschäftes. Sie ist jetzt nicht mehr „die Frau vom Joschka", sondern der Joschka ihr Mann. Mal sehen.

Alles geht schnell in Berlin, selbst die Ampelschaltung ist flotter als andernorts. Wenn er länger als zwei, drei Rotphasen warten muss, spricht der Berliner schon vom Megastau.

Wer in dieser harten, fordernden, aufregenden Stadt gesellschaftlich überdauert, den kann so schnell nichts erschüttern. Die Wirte spielen dabei eine wichtige Rolle.

Anfang der 90er gingen wir ins Borchardt und waren vor allem fasziniert von der Architektur, den hohen Säulen, dem freigelegten Mosaik hinter der Bar, der alten Geschichte dieses Lokals, das schon 1845 als Weinlokal eröffnet wurde, zu Kaisers Zeiten Ort mancher politischen Intrige war, in der DDR als „Gastmahl des Meeres" und Diskothek „Karriere" machte, bis der Gastronom Roland Mary, der sich mit dem „Shell" in einer alten Tankstelle in Charlottenburg bereits einen Namen gemacht hatte, zusammen mit einer Partnerin den Traditionsort entdeckte und restaurierte. Schon all das war typisch Nachwende-Berlin, auch die Freilegung von Schichten und Geschichte, die Raum schufen für neue Schichten und Geschichten. Jedenfalls saßen wir da und bewunderten Mary, was er aus den Räumlichkeiten gemacht hatte, die Anmutung parisienne, aber vor allem, dass er es überhaupt getan hatte. Ob er wohl durchhalten können würde in dieser doch öden, ostigen, brachen Gegend? Aus der, klar, mal Großes werden sollte, was man so hörte an den Tischen. Von Anfang an traf man ganz schicke Leute auf den roten Lederbänken, aber wenn einer gesagt hätte, das wird die Kantine der Nation, der Platz, an dem alle wichtigen, berühmten Figuren, ob Kanzler, Kanzlerin (hätten wir auch nicht gedacht!), Weltstars und sogar der amerikanische Präsident Barack Obama mal Schnitzel essen werden, wir hätten uns köstlich amüsiert. Und dann hätte vielleicht noch einer in der aufgekratzten Runde nachgelegt und zum Besten gegeben, dass die Münchner ihre erfolgreiche „Kir Royal"-Satire endgültig einmotten können, denn in Zukunft würde Baby Schimmerlos durch den Berliner Gesellschaftsdschungel streichen. Das wäre ein guter Lacher gewesen, denn so euphorisch waren wir nun auch wieder nicht.

Nun, längst arbeitet Helmut Dietl an der Fortsetzung von Kir Royal, und Ausgangspunkt ist natürlich das Borchardt. Das kurz nach der Eröffnung wieder schließen muss wegen der kolossalen Bauarbeiten rings herum. Aber im Juni 1995 dann endgültig auferstand und der sich neu und überhaupt formierenden Society einen Showroom gab. Wer die Berliner Gesellschaft zu orten sucht, der findet sie in der Reservierungsliste.

Linke Seite:
Celia von Bismarck

Unten:
Das Borchardt – eine Legende

Olivia Jones

Oder auch, schwerpunktmäßiger, im „Grill Royal", auch so eine typische Berlin-Sache. Eine Mischung aus Club und luxuriösem Steak-House, direkt am Spreearm an der Friedrichstrasse. Der Borchardt-Schüler Boris Radczun hat es im März 2007 gemeinsam mit dem Kunstsammler Stefan Landwehr und dem Galeristen Thilo Wermke gegründet und mit einer guten Portion Hybris eröffnet: „Das wird der neue In-Platz." Am Abend des Openings saßen wir mit Calle von Bismarck im Borchardt, als Unruhe aufkam, man müsse doch unbedingt noch in dem neuen Laden Gesicht zeigen. Und in der Tat, Künstler, Intellektuelle, Modeleute und Journalisten treffen sich nun gern im Grill. Essen dünne Pommes Frites, verschwinden auffällig lange in den Waschräumen und lassen es ab Mitternacht krachen. Dresscode? Wen interessiert's.

Zu Ehren des Starfotografen Mario Testino lädt die VOGUE dort zur Sommerparty mit Schauspieler und Berlin-Liebhaber Rupert Everett, auch der Performance-Künstler Jonathan Meese, die Immendorff-Witwe Oda Jaune, Startänzer Vladimir Malakhov kamen. Zum Beispiel. Oder Michael Michalsky hält Hof. Der Designer, der gern mit der Schnodderigkeit eines norddeutschen Werftarbeiters auftritt, passt perfekt ins unperfekte Berlin, ist Zeitgeist pur. Weil er nach internationaler Karriere und Erfahrung gegen den „Elitismus" kämpft, Mode als Unterhaltung versteht und die Spielregeln offen benennt: „Man kann noch so gut sein, wer sich nicht medial inszeniert, wird nicht gehört und geht unter."

Shawne Borer-Fielding

Mächtig beeindruckt sind die, die bei der Bundeskanzlerin im Kanzleramt zum Essen eingeladen werden – wobei, so sagen würden sie das natürlich nicht. Keep cool!
Und selbstverständlich hat Berlin einen „China Club" wie Hongkong und Singapur. Nur für Mitglieder. Noch so ein eleganter Platz, den die Stadt dem Geschmack und der Unbeirrbarkeit der Jagdfelds verdankt.

Vor einiger Zeit verschreckte die „Paris Bar", die Westberliner Trutzburg der Kreativen, mit der Meldung, sie sei pleite. Doch das macht nichts und es stört nicht. Otto Sander hat weiterhin Messingschild und Stammplatz an der Bar und Wolfgang Joop isst immer noch in guter Gesellschaft sein Beef Tartare mit Pommes Frites, Stammgericht schon lange vor dem „Grill". Und gleich um die Ecke hat Loriot seinen Zweitwohnsitz. Vicco von Bülow steht stellvertretend für ein neues Bürgertum, das sich entwickelt hat: Die Zweitwohnungsbesitzer, die Zeit und Geld und Bildung haben und Berlin in seiner atemberaubenden kulturellen Vielfalt faszinierend finden. Zumindest zeitweise.

Vor allem für die moderne Kunstszene ist Berlin zum Hotspot geworden und sie zieht Glamour und Bildung an und nach. Der Anwalt und Sammler Peter Raue hat die Berliner Kunstszene als langjähriger Vereinsvorsitzender der „Freunde der Nationalgalerie" geprägt und lieferte mit der Leihausstellung

Enie van de Meiklokjes, Ulla Klingbeil und die Hut-Designerin Fiona Bennett

Ariane Sommer

des Museums of Modern Art sein Meisterstück. Wenn Raues in ihr Dachgeschoss laden, dann treffen sich dort Künstler, Politiker, Galeristen, Unternehmer, Musiker, junge und etablierte, viele nicht aus Berlin. Oder wenn der Fernsehmann Alfred Biolek zum Salon bittet: Dann singt Tim Fischer Chansons, Veruschka von Lehndorff schwatzt mit Simon Rattle und Giovanni di Lorenzo schaut, dass in der offenen Küche nichts anbrennt. Zur Berlinale können es auch mal 120 Gäste werden. Oder wenn Hugo Boss zur Fashionparty lädt: Dann sitzen ein Klitschko, Sabine Christiansen, Chefredakteurinnen, Einkäufer, Cate Blanchet und Rupert Everett eng beieinander, zum Beispiel.

Von den Essen und Festen, von denen keiner erfahren soll (auch die gibt es in Berlin!) wollen auch wir nicht sprechen. Aber eines ist allen gemein: Die Mischung, die ist es immer wieder. Die macht die Anziehungskraft aus. Alltag ist anderswo. In Berlin „amöben" die Menschen nicht nur, man kann auch über alles mit allen sprechen. Nur möglichst nicht zu viel über nüchterne Zahlen.

Patricia Riekel, Klaus Wowereit, Regine Sixt, Udo Walz

„Eine Stadt, das sind alle Worte, die dort je gesprochen wurden", hat der Philosoph Cees Nooteboom formuliert. Gesagt wurde und wird um und über und zu Berlin einiges. Und vor allem in. Von Großen, Größenwahnsinnigen, von Klugen und Klugscheißern, von Lauten und Leisen, von Weltgewandten und Abgesandten und Taxifahrern. Das macht es so spannend. So anders.

Die Stadt ist angesagt, begeistert in ihrer Brüchigkeit, Geschwindigkeit, Vielfalt. Die Gesellschaft braucht sie nicht, das ist kein Asset. Die Society ist größer, internationaler, interessanter geworden, gleichwohl es geht ihr wie den „Blühenden Landschaften". Sie kann die über-bordende Euphorie nicht bedienen, aber an einigen Ecken ist sie sehr ansehnlich gewachsen. Doch Berlin brodelt, entfaltet seine Kreativität von unten nach oben, am Anfang ist die Straße, dann kommt das Geschäft. Und wenn nicht, dann ist das nicht peinlich wie andernorts. Diese Haltung bestimmt den Ton. Es gibt ja immer noch den Länderfinanzausgleich. Und die nächste Party. Solide werden wir später.

Wenn überhaupt. Das klingt zu sehr nach Stillstand.

Heike Makatsch und
James Bond Darsteller
Daniel Craig

Schnell lernten wir die Bedeutung von umfassenden Versicherungen kennen, denn der Einfallsreichtum einiger Gäste in Bezug auf Schäden kannte keine Grenzen.

Der Höhepunkt war der verlorene Schirm der Gattin eines renommierten Berliner Unternehmers. Selbstverständlich boten wir ihr an, einen Schirm ihrer Wahl umgehend zu besorgen. Aber so einfach war die Sache nicht. Angeblich war der vermisste Schirm ein Designerstück von Versace, das man nur in Mailand bekommen könne. Dort müsse sie die Wahl persönlich treffen und folglich mit einem Businessflug nach Mailand und zurück fliegen.

Nach mehreren Drohbriefen des juristisch versierten Ehemanns einigten wir uns auf eine – für uns – recht schmerzliche Lösung dieses Problems.

Seltsamerweise blieb ein einsamer, sehr gewöhnlicher schwarzer Rüschenschirm in der Garderobe übrig…

Mode Designer
Michael Michalsky

Love it!
Mario Testino

*I*ch bin in Peru aufgewachsen, sehr formell, habe meine Ferien gern in Brasilien verbracht, da herrschte weniger gesellschaftlicher Druck, ich lebe in London und New York, arbeite viel in Paris. Aber Berlin ist besonders. Es erinnert mich an ein bestimmtes London. Dort gibt es auch viel Talent, das vergeudet werden darf. Die Mode ist jung und funky und experimentell. Die Italiener, Franzosen und Amerikaner nehmen die englischen Ideen und machen daraus ein großes Geschäft. In London steht die Kreativität im Vordergrund. Und wahrscheinlich gilt das Gleiche für Berlin. Wenn die Stadt sich darauf konzentriert, Geld zu machen hört der Spaß vermutlich auf. Berlin ist „relaxed" und gleichzeitig funktioniert es. Das ist für mich deutsch – Berlin hat diese chaotische Seite, aber es funktioniert. Und ich glaube, dass Berlin den Deutschen ganz gut tut. Deutschland hat derart viel Verantwortung auf sich genommen und trägt schwer am Gewicht der Vergangenheit und das hat die Menschen sehr solide, sehr verantwortungsbewusst gemacht. Ich bin fasziniert von der Nachdenklichkeit in diesem Land. Aber Berlin bringt den Deutschen ein bisschen Entspanntheit. Diese Mischung, die gefällt mir.

Nadja Auermann und Mario Testino

Wann ziehst Du nach Berlin?
Patricia Riekel

Die Location wirkt heruntergekommen, in den verlassenen Rathenau-Hallen im Industriegebiet von Treptow-Köpenick gingen nach der Wende tausende von Arbeitsplätzen verloren, jetzt stehen da nur noch endlose Reihen rostiger Container und es sieht so aus, als würde mich gleich die Abrissbirne treffen.

Der Taxifahrer schaut mich zweifelnd an, als er mich aussteigen lässt, aber mit mir strömen Hunderte andere aufs Fabrikgelände und er nickt mir zu, sagt „Event, wa", was beweist, dass sich der Berliner an und für sich über nichts mehr wundert. Der Zeitgeist verlangt nach möglichst trostlosen Orten und damit hat man in Berlin nun wirklich kein Problem. Hugo Boss, immer instinktsicher wenn es um angesagte Trends geht, hat zur Präsentation seines Jeanslabel Boss Orange gebeten. Ist zwar nur die Zweitlinie und in München würde man es sich doppelt überlegen, ob man sich da sehen lassen kann oder nicht. Die Hauptstadt-Society gibt sich da nicht so preziös.

Die After-Show-Party findet zwischen einem Bretterzaun und der Spree auf einer Wiese statt, Koteletts brutzeln über offenem Feuer, es riecht nach Kiez-Atmosphäre, aber da lümmelt Hollywoodstar Adrien Brody in der Wiese, neben ihm Jessica Schwarz, Minu Barati stöckelt vorsichtig in Highheels über den Rasen und ihr Ausschnitt sorgt mal wieder für Smalltalk, während Sienna Miller, die Boss-Jeans trägt, übersehen wird. Eine typische Berliner Nacht, es wird gefeiert, als gebe es keinen Morgen mehr. Und geredet. Hauptthema ist mal wieder oder immer noch Berlin. Über nichts redet der Hauptstädter, weiblich oder männlich, lieber. Wie ein Mantra betet er, selbst ein Zugezogener, es immer wieder runter: Wann ziehst Du nach Berlin?

Um zwei Uhr morgens, ein Zeitpunkt, wo man in München als anständiger Gast jede Party verlässt, man hat schließlich am nächsten Morgen einen Job und etwas zu tun, steuert die Feier im Industriegebiet von Treptow immer neuen Höhepunkten entgegen. Kein Wunder, denkt sich der Münchner, die meisten hier können ausschlafen, über die Hälfte aller Berliner leben ja schließlich von staatlicher Unterstützung.

Nein, das ist ein bisschen zu gemein, aber wie sonst soll man diese großartige Metropole aushalten und den Gedanken, dass es wieder nach Hause geht, weg von Berlin, weg von

Berlin feiert

Pirelli Kalender in 'THE STATION'

Florian Gallenberger, Jürgen Schau, Annabelle Mandeng, Thomas Kretschmann und Jessica Schwarz

dieser Rund-um-die-Uhr-Sause, diesem Wahnsinn an Festen, Partys, Vernissagen, Verabredungen und ununterbrochenem Freizeit-Feeling?

Vor zwanzig Jahren, nach dem Fall der Mauer, sind wir aus München mit dem Gefühl von Entwicklungshelfern angereist. Eine Stadt, in der mein Freund, der Promifriseur Udo Walz als Stütze der Gesellschaft galt, als Barometer, ob eine Party als A- oder B-Ereignis einzustufen war, brauchte eindeutig gesellschaftlichen Nachhilfeunterricht. Mit amüsierter Nachsicht betrachteten wir die Ödnis der Party-Landschaft, keine People, kein anständiger Dresscode, Gästelisten als hätte man auf den Strassen Berlins Flyer verteilt und als Caterer mussten die Käfers aus München anreisen, um die Hauptstadt lukullisch aufzurüsten. Na ja, wir Münchner durften uns damals auch als Nabel der Welt fühlen, im P1 feierte Mick Jagger die Nächte durch, wer bei den Flicks eingeladen war, durfte sich zur In-Clique zählen, der Adel hatte sich rund um den Starnberger See etabliert und Bogenhausen zählte zu den besten Adressen Deutschlands. München war die heimliche Hauptstadt, ein riesengroßer Barock-Zirkus, elegant, üppig, verschwenderisch und wir hatten ja auch die Gaukler bei uns, die Schauspieler, die Bildhauer, die Maler und Schreiber. Sie waren eigentlich das i-Tüpfelchen dieser Münchner Gesellschaft, sorgten für den notwendigen Schuss von Bohéme, waren die sprudelnden Perlen im Champagner-Gefühl der Stadt. Ach ja, Berlin, da mochten die Lokale rund um die Uhr offen bleiben, nicht wie in München, wo die Bürgersteige exakt um 23 Uhr nach oben geklappt wurden und sich die jungen, etablierten Anwälte, die extra ins Amüsierviertel Schwabing gezogen waren, bereits beschwerten, wenn einer der Kneipengäste nach Mitternacht zu laut lachte. Trotzdem, auch wenn Berlin Hauptstadt wurde, so würde es doch diese Currywurstigkeit behalten, die der Autor Dirk Kurbjuweit noch immer dort ausmacht. München dagegen würde nie seine Strahlkraft verlieren, so wie es Thomas Mann einmal beschrieb: München leuchtet. Für immer. Dachten wir damals.

Und dann waren sie plötzlich weg – die Gaukler, die Mimen, die Schreiber, die Kreativen, waren nach Kreuzberg, nach Charlottenburg, nach Mitte gezogen, in diese so unfertige Stadt, die voller Baulärm und Prekariat war. Wartet nur, ihr kommt alle wieder, dachte sich die Münchner Society, auf deren Partys es zwischen Tegernsee und Bogenhausen jetzt etwas langweiliger wurde so ganz ohne Gaukler und Künstler. München war immer noch schön, aber es fehlte plötzlich etwas, die Seele, die war nach Berlin gezogen. Die ersten Einladungen aus Berlin hatten noch etwas Rührendes, man bemühte sich ja so sehr Gesellschaft zu erfinden. Aber es zeichnete sich schneller ab, als wir alle dachten was den Charakter der Hauptstadt-Society so unvergleichlich macht und ihr Charisma ist: diese amüsante Zufälligkeit! Gespeist aus sozialer Unbekümmertheit, manchmal Gleichgültigkeit oder auch Interesse an der Provokation. Hier verzichtet man gänzlich auf gesellschaftliche Spielregeln und hierarchische Rituale, die anderswo Grundlage jeder Gemeinschaft sind.

Mit Friede Springer beim Rolling Stones Empfang „Rocken mit Isa"

Es geht in der Berliner Gesellschaft wahrscheinlich demokratischer zu als irgendwo sonst auf der Welt. Es zählt nicht wer jemand ist, sondern wie jemand ist. Während in München ein Maserati vor der Haustüre gesellschaftliche Bedeutung signalisieren kann, würde sich in Berlin niemand die Mühe machen nach draußen zu gucken. Das, was in den achtziger Jahren im vergangenen Jahrhundert all die, die die Welt bewegen und verändern wollten, in die Subkultur nach New York zog, findet sich jetzt in Berlin und zieht sogar die New Yorker selbst an. Kein Wunder, dass Berlin zur Stadt der Mover und Shaker geworden ist, denn in einer bestimmten Phase des Lebens muss man diese wilde Zeit durchmachen. Bei allem Glanz und Glamour, der sich in Berlin immer mehr entwickelt, bleibt es die Stadt der „Currywurstigkeit". Es bleibt dieser Underground-Dschungel, wo Kunst und Geist und auch Verrücktheit den Bodensatz für Exzesse jeder Art finden. Das macht die Berliner Partyszene so schillernd und abenteuerlich und jedes Mal, wenn man Berlin verlässt, hat man den Kopf voller Geschichten. Glücklicherweise auch solche, die man schreiben kann. Wenn man in München die Gesellschaftsspalten füllen will, muss man inzwischen nach Berlin fahren.

Bundesminister Joschka Fischer und Minu Fischer-Barati

Til Schweiger und Moritz Bleibtreu, Hannah Herzsprung, Daniel Brühl, Anna Maria Mühe, Oliver Korittke und Louise von Duesterlohe

Berliner Republik

Christoph Stölzl

In den 1990er Jahren machte ein Begriff in der kulturpolitischen Diskussion Karriere: die „Berliner Republik". Kam nach der kulturell großartigen, aber politisch katastrophal gescheiterten Weimarer Republik und der so glücklichen Bonner Republik durch den Regierungsumzug jetzt etwas Neues? Unter dem vagen Begriff „Berliner Republik" sammelte sich die Hoffnung, die Verbindung von demokratischer Repräsentation mit dem kulturellen Eldorado Berlin werde eine neue Qualität in den Stil des Landes bringen. Man träumte von Ministern, die in den Berliner Theatern Anregungen zu besseren Reden finden würden, man glaubte an eine Chance zur Begegnung von „Geist und Macht". Und vor allem erhoffte man sich, in Berlin werde doch so etwas wie eine echte „Gesellschaft" entstehen, in der sich die Protagonisten von Politik, Leistung und Bildung vereinigen würden.

Waren in den Monaten nach der Maueröffnung zuerst die Ostberliner in den unbekannten Westen ausgeschwärmt, so gingen ab Herbst 1990 die Location-Scouts auf Entdeckungsfahrt in den bisherigen Osten, der nun zum Herzen der Stadt verwandelt worden war. Denn der Bedarf an neuen, bisher unbekannten Veranstaltungsplätzen war groß. Im westlichen Berlin waren Orte mit großer historischer Aura Mangelware gewesen. Schloss Charlottenburg hatte alle Bedürfnisse nach Würde erfüllen müssen. Doch nun stand das historische Zentrum offen.

Linke Seite:
Der Reichstag in den Tagen nach dem Mauerfall

Außenminister
Hans-Dietrich Genscher,
Hannelore Kohl,
Bundeskanzler
Dr. Helmut Kohl,
Bundespräsident
Dr. Richard von Weizsäcker

Der Geheime Ost-West Zirkel
Volker Schlöndorff

Ost- und West-Weltbilder lagen nach dem Fall der Mauer noch sehr weit auseinander.
Diese Erkenntnis machten auch zwei Nachbarinnen, die zufällig im gleichen Haus, auf der gleichen Etage in der Wilhelmstraße wohnten, mit Blick auf die Reste der Mauer, dort wo heute das Holocaustdenkmal steht: Familienministerin Angela Merkel und die mächtige Treuhandchefin Birgit Breuel.
Sie kamen ins Gespräch und entdeckten, wie wenig sie von ihrer gegenseitigen Herkunft wussten. An einem Sonntagnachmittag luden sie jeweils einige Bekannte zu Kaffee und Kuchen ein.
Es kamen ein Professor aus der Charité, Harald Mau, eine Schriftstellerin aus Mecklenburg-Vorpommern, ein Historiker, Professor Winkler, ein Theologe aus dem Osten, Richard Schröder, ein Banker und eine Gräfin aus dem Westen, Andreas und Isa von Hardenberg, und eben meine Frau Angelika und ich.
Dieses kleine Grüppchen, zwölf Leute etwa aus Ost und West, vereinbarte: Keine Öffentlichkeit – und ich breche jetzt dieses Versprechen mit dem historischen Abstand von fast 20 Jahren.
Wir trafen uns einmal monatlich an einem Sonntagnachmittag reihum in der Wohnung, der Datsche, dem Haus oder der Villa eines Mitgliedes dieses namenlosen Vereins. Wir fragten uns, wie es kommt, dass wir uns noch Jahre nach der Wende sofort als Ost- oder Westdeutsche erkannten? Welche geheimen Signale, welche Vokabeln, welche Körpersprache verriet unsere Herkunft?

Jeder erzählte von seiner Schulzeit, von den Lehrern, von frühen Freundschaften und Berufserwartungen, von seiner Ehe und vom Verhältnis zur Gesellschaft, vom politischen Engagement beziehungsweise völliger Ablehnung eines solchen. Dazu gab es, je nach Gastgeber, im Westen Spaghetti, im Osten Soljanka, Rotwein oder Radeberger. Freundschaften entstanden, die die Dauer des zwei Jahre währenden Kreises überlebten.

Ende der 90er Jahre veranstalteten wir ein Sommerfest vor unserem Haus am Griebnitzsee, zu dem auch die Freunde aus unserem Ost-West Geheimzirkel kamen. Etwas vermessen stellte ich meinem Freund Horst Wendlandt Angela Merkel vor, mit der Bemerkung – fünf Jahre vor der Zeit – dies werde einmal die erste deutsche Bundeskanzlerin sein.

Treuhandchefin Birgit Breuel und Familien- und Jugendministerin Dr. Angela Merkel

Hostessen bei der Rembrandt Ausstellung im Alten Museum

Alfred Taubman, Präsident von Sotheby's und Dr. Ulrike Pöhl, Dr. Christoph Graf Douglas und Bundesbankpräsident Karl Otto Pöhl, Georgia Oetker und Lord Weidenfeld

Staatsoper und Zeughaus, Museumsinsel und Kronprinzenpalais, Palais am Festungsgraben und Konzerthaus, Französischer Dom und Ephraim-Palais, Staatsratsgebäude und Stadthaus lockten die Phantasie der Veranstalter. An Interesse für ein festliches Gesellschaftsleben im wiedervereinigten Berlin mangelte es nicht. Es kam von der Bundesregierung in Bonn, die Geschmack an den telegenen Kulissen Berlins gefunden hatte, aber auch aus der Wirtschaft in aller Welt. Denn die Hauptstadt im Wartestand wurde Anfang der 1990er Jahre Magnet für die Neugier unternehmungslustiger Menschen.

Zuerst waren es amerikanische Firmen, bei denen sich die traditionelle Berlin-Freundschaft mit der Neugier auf den Wirtschaftsstandort Berlin verband. Als Katalysator des Gesellschaftlichen erwies sich die Kunst. Dem scharfen Auge des anglo-amerikanischen Auktionshauses Sotheby's war das architektonische Juwel „Palais am Festungsgraben" aufgefallen. Schräg gegenüber der Staatsoper, direkt hinter der Neuen Wache gelegen, war das ehemalige preußische Finanzministerium in besserem baulichen Zustand als die meisten Denkmalbauten der Berliner Mitte. Denn hier war der Sitz des privilegierten Massenverbandes „Gesellschaft für deutsch-sowjetische Freundschaft" gewesen. Sotheby's glaubte an den Wiederaufstieg Berlins als Kunstmetropole und mietete sich 1990 ein.

Auch beim ersten großen Auftritt von American Express in Berlin gab Kunst den Anlass und den Rahmen. Der amerikanische Global Player der Kreditkarten unterstützte mit einer Millionensumme eine große Rembrandt-Ausstellung im Alten Museum am Lustgarten. Sie war ein demonstratives Prestigeunternehmen der wiedervereinigten staatlichen Museen von Berlin. Nicht nur Museen aus aller Welt steuerten Leihgaben bei, sondern auch die Königin von England und prominente Privatsammler wie der französische Filmstar Alain Delon. Vollkommen neu, und in konservativen Wissenschaftlerkreisen kritisiert, war für die ehrwürdige Museumsinsel die Verwandlung von einem Bildungstempel in ein Geselligkeitsforum. Isa von Hardenberg organisierte das hochkarätige gesellschaftliche Ereignis.

Ganz im internationalen Stil war die mehrtägige Dramaturgie von Pre-Preview, Preview und Publikumseröffnung. Vorab hatte Jürgen Aumüller, Europa-Chef von American Express, schon eine Gruppe von 30 handverlesenen Gästen in die Villa Grisebach eingeladen. Eigens aus München eingeflogen wurde das Team von Michael Käfer. Nach einer Aus-

stellungsvorbesichtigung trafen sich in der Fasanenstraße Gabriele Henkel, Christoph Graf Douglas, Deutschlandchef von Sotheby's, die Verlegerfamilie Burda, Verlegerin Friede Springer und Treuhand-Chefin Birgit Breuel. Am nächsten Abend baten dann die Staatlichen Museen der Stiftung Preußischer Kulturbesitz zusammen mit American Express 500 Gäste – Persönlichkeiten aus Politik, Wirtschaft, Kunst und Diplomatie – zu einem großen Empfang in der Rotunde im Alten Museum. Neben dem Schirmherrn, Bundespräsident Richard von Weizsäcker, waren auch der neue US-Botschafter in Bonn, Robert M. Kimmitt, Friedrich Wilhelm Prinz von Preußen, der Regierende Bürgermeister Eberhard Diepgen, der Direktor der National Gallery London, Neil MacGregor und SPD-Chef Björn Engholm dabei.

Die Reichstagsverhüllung

Was aus Berlin werden sollte, hatte der Einigungsvertrag sybillinisch offen gelassen. Aber im Juni 1991 musste dann doch entschieden werden, und siehe: zur Überraschung vieler in Deutschland votierte das Bundesparlament knapp, aber eindeutig für Berlin als nationale Hauptstadt.
Und es begann die Zeit der größten Baustelle der Welt. Alles andere überstrahlend entstand ein kompromisslos modernes Parlaments- und Regierungsviertel. Bevor aber die Bauarbeiten begannen, kam die Stunde für den Verhüllungskünstler Christo. Jahrzehntelang hatten ihm die deutschen Parlamentarier seine Lieblingsidee blockiert, den Reichstag, das magische Geschichtszeugnis, zu „verpacken". Sie hielten die „Würde des Hauses" für gefährdet. Jetzt, als

Alfred Taubman und Karl Lagerfeld

Zäsur zwischen der alten deutschen Geschichte und der neu beginnenden, durfte Christo sein Werk realisieren. Und einen strahlenden Sommer lang erwies sich, dass die Würde der Kunst Menschen aus der ganzen Welt anlockte, um bei dem einzigartigen Event dabei zu sein. Die deutsche Hauptstadt im Wartestand fand zu ihrer neuen Rolle: nicht mehr Ort dramatischer Machtpolitik, sondern Schauplatz glanzvoller Feste wollte das neue Berlin sein. Gäste aus aller Welt kamen, Prominente ebenso wie Rucksacktouristen, um Christos Werk und die einmalige, während des Tageslaufs und der Nacht faszinierend wechselnde Stimmung mitzuerleben. Berlin war plötzlich im Zentrum des internationalen Interesses und wurde gleichermaßen von zahlreichen Vertretern der Politik, Wirtschaft und Kultur besucht.

Christos Verhüllungsaktion inspirierte Isa von Hardenberg dazu, sich mit einem eigenen VIP-Zelt in der Nähe des Reichstags zu etablieren. „Wir kennen uns seit Jahren", sagte sie damals,

Sotheby's Dinner 1990 im Palais am Festungsgraben, unter den Gästen Gräfin Bergit Douglas und Heinz H. Pietzsch

Isa von Hardenberg
Wenn der Meister einpackt, tischt sie groß auf
Christos schöne Gräfin

Die schönste Art, Christo zu genießen: Wenn der Meister den Reichstag einpackt, packt eine echte Gräfin richtig aus: Tafelsilber, wertvolles Porzellan, kulinarische Genüsse vom Feinsten. Isa Gräfin von Hardenberg (49) bewirtet vom 14. Juni bis 7. Juli in Christos Auftrag internationale Prominenz auf dem Pariser Platz. Im Spiegelzelt (220 Plätze) und einem Pagoden-Zelt (60 Plätze). Einer der ersten, der gebucht hat: Fürst von Bismarck.

Die Gräfin vom Nikolassee gründete für Christo eigens eine Gesellschaft – die „Hardenberg Veranstaltungs GmbH". Das Geschäft mit dem verhüllten Reichstag läuft: „Prominente aus aller Welt werden kommen, um Christos Werk zu sehen! Ein Kulturereignis von unschätzbarem Wert für Berlin."

1982 kam die Gräfin mit ihrem Mann Andreas (im Vorstand der Berliner Bank) an die Spree. Sie weiß, was Christo von ihr erwartet: „Wir kennen uns seit Jahren." Als Organisatorin für exklusive Empfänge, Gala-Essen ist ihr Name in Berlin ein Begriff. Selbst Prinz Charles ließ '91 von der schönen Gräfin ein Diner arrangieren.

„da lag es mir am Herzen, mit dem, was ich am besten kann, dazu beizutragen, dass seine so hartnäckig über Jahrzehnte verfolgte Idee ein wirklich großer, auch gesellschaftlicher Erfolg wird." Im Spiegelzelt waren 220 Plätze geboten. Es entstand ein einmaliger Veranstaltungsort, der zwei eigentlich nicht gleichzeitig mögliche Erlebnisformen spielerisch miteinander verband: abgeschirmt vom Trubel der Massen, die Christos Verhüllung umlagerten, konnte dennoch die überwältigende ästhetische Sensation hautnah gesehen und gefühlt werden. Die Faszination, die von dem Zelt ausging, war der unverstellte Blick auf den Reichstag, der sich vom Morgen bis zum Abend dramatisch mit der Sonneneinstrahlung änderte. Gerade die Morgenstunden waren faszinierend, so dass viele Firmen schon zum morgendlichen Empfang einluden.

Die Gestaltung des Zeltes verzichtete bewusst auf alle Anspielungen auf das Kunstwerk. Isa von Hardenberg entschied: „Im Angesicht der Kunst ist bewusste Schlichtheit die einzig legitime Antwort".

Die Küche des KaDeWe betreute das VIP-Zelt. Dem flanierenden Charakter des Christo-Erlebnisses angemessen, war die kulinarische Idee, kleine Teller mit wechselnden warmen Spezialitäten zu reichen. Zwei Gabeln Lachs, etwas Geschnetzeltes, Garnelen und Salat – alle paar Minuten eine Überraschung. Auch die Buffets spiegelten den luftigen Zeltlager-Charakter: es gab, was die Hardenbergs auch gerne ihren privaten Gästen bieten: Pellkartoffeln mit allerlei Zutaten, die mit Kaviarschmand im Handumdrehen zur Luxus-Cuisine aufzuwerten waren.

„Wir haben für Veranstaltungen zu diesem Anlass in unmittelbarer Nähe des Reichstages einen faszinierenden Platz gefunden, nämlich das Grundstück der zukünftigen amerikanischen Botschaft, direkt neben dem Brandenburger Tor, mit Blick auf den Reichstag." So hatte Isa von Hardenberg im Februar 1995 ihren Freunden in aller Welt geschrieben. Was mit „Platz gefunden" so selbstverständlich klingt, erwies sich für einen anderen Zeltbetreiber dank der Generosität Isa von Hardenbergs als Rettung. So hatte die Hamburger Illustrierte „Stern" zunächst innerhalb der von Christo beschriebenen optischen „Bannmeile" ihre Rundzelte aufgebaut, wurde des Platzes verwiesen und kam nur durch das Entgegenkommen von Isa von Hardenberg dazu, in ihrer Nachbarschaft die Vision eines „Berlin 2005" präsentieren zu können: Das Gelände hatte Hardenberg Concept vom Grundstückseigentümer – der amerikanischen Botschaft – gemietet und gab nun einen Teil den Heimatlosen frei. Auch die Gäste des Hardenberg-Zelts hatten etwas davon – sie konnten sich die Zukunftspanoramen der Stadt, die der Panoramamaler Yadegar Asisi visualisiert hatte, ohne Schlangestehen anschauen.

Einer der ersten, der dieses Zelt buchte, war Fürst Ferdinand von Bismarck. Dass ihm, dem Urenkel des „Eisernen Kanzlers", ein Reichstagsereignis willkommen sein würde, verstand sich von selbst. Und der Anfang gab den Kammerton für die weiteren Wochen. Vom 10. Juni bis zum 7. Juli richtete die Gräfin Veranstaltungen aus, die Stadtgespräch wurden: „Zu den besten Adressen der Stadt zählt in den verhüllten Tagen das weiße Zelt von Isa Gräfin Hardenberg." Selbstverständlich kamen Christo und Jeanne-Claude immer als Gäste. Sie ließen sich freilich nie genau festlegen, ob sie zu einer Veranstaltung kommen würden. Christo zog es

Der verhüllte Reichstag

vor, überraschend mit seiner Frau aufzutauchen und genoss die Standing Ovations, die dann erfolgten.

Die Hardenberg-Atmosphäre, auf paradoxe Weise ähnlich und unähnlich dem Verhüllungskunstwerk – ähnlich wegen des provisorischen Zeltcharakters, unähnlich wegen der luxuriösen Ausstattung – zog alle Gäste sofort in ihren Bann. Vor allem außerhalb, um das Zelt herum tummelten sich ganz andere Menschenmengen. Tausende von Menschen drängten sich dicht an dicht, Autos und Fußgänger kamen nicht mehr durch. Das konnte ungünstig für die Nachschublieferung der Veranstaltungen sein. Nicht nur die Hierarchie der Tafelwasser geriet ins Rutschen, sondern auch gesellschaftliche Dinge. Der internationale Ansturm auf Berlin hatte zur Folge, dass die alten, im Vorwende-Berlin nie veränderten protokollarischen Rangordnungen schon einmal ins Trudeln geraten konnten. Bei der Coca-Cola Modenschau entging einer Hostess, dass eine freundliche Dame die Frau eines bekannten Politikers war. Sie wurde nach ihrem Namen gefragt wie alle Gäste. Was damals für einen Augenblick peinlich war, erweist sich im Nachhinein als ein typisches Symptom für den dramatischen Wandel der Hauptstadtgesellschaft. Vor 1989 war man in Westberlin unter sich gewesen; die demokratischen Würdenträger des Landes Berlin, kaum

Christo vor seinem Modell des Reichstages

55

außerhalb der Stadt prominent, und die ebenso unbekannte Generalität der westlichen Schutzmächte, markierten die Spitze des Protokolls. Nun, mit dem Christo-Ereignis, halb-politisch auf Grund seines Gegenstands, verschoben sich allein durch die prominenten Gäste die Wahrnehmungsebenen.

Christo, seine Frau Jeanne-Claude und Michael S. Cullen

Berlin baut

Ein Jahrzehnt war Berlin eine Baustelle gewesen, so sehr, dass sich schon alle daran gewöhnt hatten zwischen Bretterzäunen und weitverschlungenen Röhrensystemen herumzuirren. Die Chronologie der Einweihungen hat man inzwischen vergessen. Aber im Licht einer Historie mit großem Atem wird man sagen können, dass das Jahr 2000 der Angelpunkt des neuen Berlin gewesen ist. Was in all den Hearings, Wettbewerben, Stadtforen ausgedacht, bestritten, wiederum überdacht und am Ende beschlossen worden war, das wurde nun zur Stadtgestalt.

Isa von Hardenberg erzählt: „So ging uns an einem Abend das stille Wasser, das Amerikaner bevorzugen, sehr schnell aus. Innerhalb der Bannmeile war die Organisation von Nachschub unmöglich und in unserer Not wichen wir auf Leitungswasser aus. Dieses wurde schnell als solches identifiziert, aber der CEO, dem das empört mitgeteilt wurde, klatschte Beifall zu diesem Entschluss und nannte es eine echte Krisenbewältigung."

Und siehe, das neue Antlitz Berlins war schön und heiter. Was die Pessimisten von 1989/90 geunkt hatten, es werde ein Neo-Germania werden mit erdrückender Wucht, das erwies sich als Hirngespinst. Filigran erhob sich die Glaskuppel über dem Reichtagsgebäude. Über Nacht hatte Berlin ein neues Logo, die Verschwisterung von Reichtagskuppel und Quadriga, wie sie die Kunst der Teleobjektive zustande brachte. Die Parlamentsbauten von Stephan Braunfels, das Kanzleramt von Axel Schultes, die Flügelbauten des Brandenburger Tors von Josef Paul Kleihues, die Erweiterung des Historischen Museums von I.M. Pei: man traute seinen Augen nicht, wie sich über die vertraute Architekturlandschaft Berlins eine neue Schicht legte – weiß und strahlend, luftig, manchmal sogar verspielt. Zu den weniger streng-modernen Häusern gehörte das wiederaufgebaute Hotel Adlon am Pariser Platz, das als erstes neues Luxushotel einige Jahre eine Art Monopol für „große" Ereignisse behauptete.

Hardenberg Concept veranstaltete dort viele erfolgreiche Feste; auch die 10-Jahresfeier der Firma wurde dort inszeniert. Zusammen mit dem zweijährigen Adlon-Geburtstag und dem fünfjährigen Partner für Berlin – Jubiläum wurde groß gefeiert. Auch der Potsdamer Platz wurde, trotz einer gewissen altdeutschen Winkeligkeit in den Seitengassen, ein selbstbewusster Auftritt der Moderne. Die Feiern zu seinen Realisierungsschritten, von der Grundsteinlegung bis zur Einweihung immer wieder betreut von Hardenberg Concept, boten Gelegenheit zur Begegnung zwischen den diversen Gruppierungen der neu entstehenden Hauptstadtgesellschaft. Zu diskutieren hatte sie genug, nicht zuletzt Zustimmung oder Ablehnung der neuen Architektur. In Berlin geschah etwas! Und es geschah in monumentalen, spektakulären Formen wie dem Unterwasserbau am Potsdamer Platz oder der Verschiebung des historischen Kaisersaales um 50 Meter – das wilhelminische Prachtstück wurde sogleich nach seiner Eröffnung immer wieder von Hardenberg Concept bespielt. Geplant wurde am Potsdamer Platz von den Stars der internationalen Architektenszene wie Helmut Jahn und Renzo Piano. Im Nachhinein wird man einmal das lange Jahrzehnt des Baubooms für eine Geniezeit Berlins erklären. Die Bundesrepublik als Avantgarde und in ihrem Gefolge deutsche und internationale Investoren hatten sich ihren Hauptstadtauftritt etwas kosten lassen.

Zehnjähriges Hardenberg Concept Jubiläum im Hotel Adlon

Im Dezember 1991 engagierte sich der VW-Chef Carl H. Hahn in Sachen Berlin. Er lud das „Business Leader Forum" in die eben erst gekürte Hauptstadt. Ehrengast war His Royal Highness Prinz Charles. Der Ort, den Hardenberg Concept für das Abendessen gefunden hatte, passte zur Begeisterung des englischen Thronfolgers für historische Architektur: das Ephraim-Palais. Noch war die Vereinigung der Stadt frische Realität, noch war es etwas ganz Besonderes, für internationale Events in die historische Mitte zu gehen.

Die Idee war gut, die Realisierung mühsam. Denn das Ephraim-Palais war Museum und in seiner Verwaltung schwebte viel Hauch der vergangenen DDR-Bürokratie. Man zeigte gerade eine große Puppenausstellung, alle Räume waren gefüllt mit Vitrinen. Nach langem Bitten zeichnete sich ein Kompromiss ab: Zwar könne vor Museumsschluss unmöglich Platz geschaffen werden – aber ab fünf sei dann alles leer!

Der Abend kam, erst kurz bevor His Royal Highness und seine Begleitung eintrafen, durfte das Hardenberg-Team in die Räume. Man öffnete das Portal und war entsetzt! Nichts war verräumt, alles war, wie am Morgen: Vitrinen standen herum, voller Puppen, Puppenhäuser, Puppenkleider, Puppengeschirr...

Was tun? Im Augenblick der Not bewährte sich das Hardenberg-Prinzip akribischer Recherche nach den aktuellen Vorlieben der Gäste. Kurz zuvor war in England eine neue Ausgabe von Prinz Charles' Kinderbuch „The Old Man of Lochnagar" herausgekommen. Charles' Erzählung, einst erfunden zur Unterhaltung seiner jüngeren Brüder während der Ferien auf Schloss Balmoral, ist eine typisch englische Fantasy-Story voller skurriler Gestalten. Das puppengroße Elfenvolk Gorn spielt dabei eine wichtige Rolle.

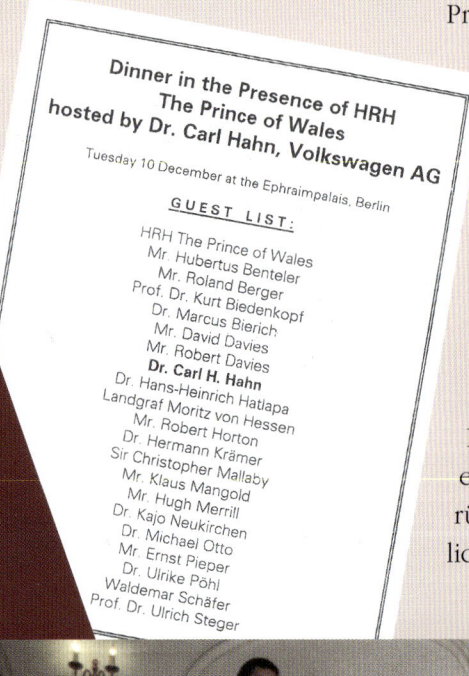

Dinner in the Presence of HRH The Prince of Wales
hosted by Dr. Carl Hahn, Volkswagen AG

Tuesday 10 December at the Ephraimpalais, Berlin

GUEST LIST:

HRH The Prince of Wales
Mr. Hubertus Benteler
Mr. Roland Berger
Prof. Dr. Kurt Biedenkopf
Dr. Marcus Bierich
Mr. David Davies
Mr. Robert Davies
Dr. Carl H. Hahn
Dr. Hans-Heinrich Hatlapa
Landgraf Moritz von Hessen
Mr. Robert Horton
Dr. Hermann Krämer
Sir Christopher Mallaby
Mr. Klaus Mangold
Mr. Hugh Merrill
Dr. Kajo Neukirchen
Dr. Michael Otto
Mr. Ernst Pieper
Dr. Ulrike Pöhl
Waldemar Schäfer
Prof. Dr. Ulrich Steger

Gewusst also, und getan! Kaum tat der Prinz die ersten Schritte ins Ephraim-Palais, erfuhr er, dass man extra seiner Kinderliebe zu Ehren für diesen Abend das ganze Haus mit Puppen dekoriert habe. Er war begeistert! Dass man in Berlin von seinem eigentlich nur in England bekannten Buch wusste, rührte ihn sehr. Solch feinsinnige Symbolik war wirklich königliche Gastfreundschaft!

Prof. Dr. Carl Horst Hahn, S.K.H. Der Prince of Wales, Ministerpräsident Prof. Kurt Biedenkopf und Gäste

Politische Umbrüche

Politisch sind die Jahre um 2000 die Zeit der großen Änderungen gewesen. Während der 1990er Jahre hatten viele Menschen, gerade die Jüngeren, sich schon kaum mehr vorstellen können, es werde jemals einen anderen Kanzler geben als den immer mehr zum Denkmal werdenden Helmut Kohl. Die Wahl im Herbst 1998 erwies, dass Demokratie denn doch Wechsel hieß. Ins neue Kanzleramt zog Gerhard Schröder ein. Er wurde, ebenso wie Kohl viele Jahrzehnte zuvor, alsbald vom Bazillus der Berlin-Liebe erfasst und ließ sich zum Paten eines beschleunigten Ausbaus der Museumsinsel machen. Auch in Berlin gab es einen dramatischen Politikwechsel. 2001 zerbrach die Große Koalition. Nach Neuwahlen schlossen die Sozialdemokratie und die PDS ein Regierungsbündnis. Treibende Kraft war Klaus Wowereit, der im Wahlkampf schlagartig zu bundesweiter Bekanntheit avancierte, als er sich zu seiner Homosexualität bekannte. Sein Nachsatz „...und das ist gut so!" wurde in Berlin zum oft zitierten, oft parodierten geflügelten Wort. Der vorher unbekannte Finanzpolitiker Wowereit erwies sich als Talent im geselligen Leben. Es kam ihm zu gute, dass er sich immer schon im Kunst- und Kulturmilieu umgetan hatte und im Gegensatz zu seinem arbeitswütigen Vorgänger Eberhard Diepgen ausgesprochene Freude am nächtlichen Feiern hatte. Auf der Aids-Gala und der Bambi-Verleihung führte Wowereit seinen Lebensgefährten, den Arzt Jörn Kubicki in die Berliner Gesellschaft ein. Mit seiner unermüdlichen Partypräsenz schafft es Wowereit 2001, eine bis heute anhaltende zentrale Rolle im gesellschaftlichen Leben der Bundeshauptstadt zu spielen. Mit der neuen Verteilung der Macht in der Kommune Berlin beschleunigte sich ein Wandel, der schon ab 1989/90 angefangen hatte: die alte bürgerliche „Prominenz" Westberlins, eng verwoben mit den Machtpositionen in Parteien und Senatsverwaltungen, verschwand noch schneller aus der ersten Reihe. Erstaunlicherweise blieb trotz Rot-Rot das frühere DDR-Establishment weiterhin zurückgezogen – mit der einzigen Ausnahme des talentierten Polit-Entertainers Gregor Gysi.

Peter Schwenkow, Inga Griese, Klaus Wowereit und Jörn Kubicki

Die Diplomaten kommen

Berlin war nun Hauptstadt und die Botschaften siedelten von Bonn nach Berlin. Neubauten entstanden an prominenter Stelle: kompromisslos zeitgenössisch wie die französische Botschaft am Pariser Platz, die österreichische, niederländische und britische Botschaft oder das gemeinsame Quartier der skandinavischen

Die Macher der Einheit:
George Bush,
Eberhard Diepgen,
Michail Gorbatschow,
Dr. Helmut Kohl

S.E. Botschafter
Vladimir V. Kotenev
und Maria S. Koteneva,
Russland

Leiste:
S.E. Botschafter
Yoram Ben-Zeev, Israel
I.E. Botschafterin Victoriana
Mejia Marulanda, Kolumbien
S.E. Botschafter Bernard
Comte de Montferrand,
Frankreich,
S.E. Botschafter
Michele Valensise, Italien,
S.E. Botschafter
Tassos Anastassios Kriekoukis,
Griechenland,
S.E. Botschafter
Dr. Ralph Scheide, Österreich

mit den schmucken Staatswappen. Es gab aber auch eine sympathische Variante des Berliner Interesses an den zugezogenen Würdenträgern. Berlins Gesellschaft wollte es den Neubürgern leicht machen. Isa von Hardenberg engagierte sich bis ins Praktische hinein für die Probleme der Übersiedlung von Bonn nach Berlin – von der Immobilienfrage bis zu den Kindergärten. Eine sympathische Sache war auch die Gründung des „Welcome to Berlin-Clubs", in dem sich Damen der Berliner Gesellschaft assistiert vom Auswärtigen Amt um die zugezogenen Botschafter-Frauen kümmerten und dies bis heute noch mit großem Erfolg tun.

Welchen gesellschaftlichen Stil die Botschafter neben ihren Pflichtaufgaben entwickelten,

Länder. Eine merkwürdige Mischung aus asketischem Minimalismus und Historie wurde die einsam dem Kanzleramt benachbarte Schweizer Botschaft. Märchenhaft exotisch dekoriert wuchsen die Häuser der arabischen Länder in den Berliner Himmel. Und besonders prestigeträchtig wurden die aus der ersten Jahrhunderthälfte stammenden neoklassischen Art Déco-Paläste Italiens, Spaniens und Japans revitalisiert.

Welche Rolle spielte die Diplomatie bei der Formung der Hauptstadt-Gesellschaft? Allein schon mit der diplomatischen Routine der Nationalfeiertage oder Staatsbesuche erhielt Berlin auf einen Schlag einen Zuwachs an Formal-Protokollarischem, das es – bescheiden wie es bis 1989 gewesen war! – beim Abzug der Alliierten 1994 endgültig verloren hatte. Nun gab es wieder Protokoll-Listen, gab es Gelegenheit zur Freude, zum Wundern oder Ärgern über die Zusammensetzung der Einladungslisten sowie den diskreten Kampf um die Einladungsbriefe

ob sie demonstrativ sichtbar wurden oder im Stillen wirkten, war oft mehr in ihren Persönlichkeiten begründet als in den Intentionen ihrer Heimatländer. Legendäre Feier-Kompetenz entwickelten die russischen Botschafter ganz

selbstverständlich aus der Aura des spektakulären Hauses Unter den Linden. Nach einigen Probeläufen seiner Vorgänger wurde dann ab 2004 Vladimir Kotenev mit seiner schönen Frau Maria zum unbestrittenen König der Berliner Geselligkeit. Das Paar, perfekt deutsch sprechend bis in die feinsten idiomatischen Anspielungen hinein, überwältigte das Publikum

nicht nur durch altrussischen Glamour und Luxus. Musikkapellen wurden eingeflogen, exotische Schönheiten paradierten bei Modeschauen, Wahrsagerinnen deuteten die Schicksale der Gäste: Russisches Feiern war in jedem Fall überwältigend. Die Faszination hielt an, trotz unterschiedlicher politischer Sympathiekurven. Denn entwaffnend blieb das ganz persönliche Vergnügen, das nicht zuletzt die warmherzige Maria Koteneva an Gastfreundschaft, Feiern und Tanzen hatte. Zu Kotenevs 50. Geburtstag wurden 200 Gäste geladen, darunter Deutsche Bank-Chef Josef Ackermann und Altkanzler Gerhard Schröder. Das Fest entfaltete und ironisierte gleichzeitig alle Russlandklischees – darunter wodkaseelige Reigentänze.

War der Ausbruch von exzessiver Feierlaune bei den Russen immerhin die Wiederaufnahme einer alten Tradition aus vorrevolutionären Zeiten, so überraschte auch ein traditionell puritanisches Land auf der Berliner Bühne mit neuen Zügen. Auf einen historisch-politisch interessierten Vorgänger folgte in der Schweizer Botschaft 1999 der erstaunliche Thomas Borer. Er warb mit unkonventionellen Veranstaltungen für ein modernes Image der Schweiz. Borers amerikanische Ehefrau, eine ganz bewusst im Hollywood-Glamour-Stil auftretende, kommunikationsverliebte Blonde, wurde binnen kurzem der Liebling der Berliner Boulevardpresse. Nach und nach nahm das Schweizer Botschafter-Paar freilich auch das Riskante des Berliner Stadtcharakters auf – nicht zur Freude der Berner Regierung! Was folgte war ein abrupter, gerüchteumwitterter Abschied.

Die französische Botschaft dagegen wurde ein Hort bildungsbürgerlicher Zuwendung zu allen „deutschen Fragen". Claude Martin, hochgebildet, mit Kopf und Herz der deutschen Geschichte bis in die spezifischen regionalen Eigenheiten zugewandt, machte aus der Botschaft zeitweilig so etwas wie eine Akademie für französisch-deutsche Kulturbeziehungen. Vielleicht mehr als alle Wissenschaftler- und

Links: S.E. Botschafter Sir Anthony Arthur und Lady Plaxy Arthur, Großbritannien

Unten:
S.E. Botschafter Philip D. Murphy und Tammy Murphy, USA

Leiste:
Botschafter a.D. Antonio Puri Purini und Rosanna Contessa Donà delle Rose, Italien
S.E. Gabriel Busquets Aparicio, Spanischer Botschafter bis 2008,
Botschafter a.D. Dr. Thomas Borer-Fielding und Shawne Borer, Schweiz
Botschafter a.D. Sir Peter Torry und Lady Angela Torry, Großbritannien

"Loriot" Vicco von Bülow, Iris Berben und Prof. Dr. Peter Raue beim „Candide Dinner"

Der damalige Französische Botschafter Claude Martin und seine Frau Judith

Politikerbegegnungen, die Martin ausrichtete, ist für seine intime Kenntnis der deutschen Seele seine Ehrung für Vicco von Bülow symptomatisch. Loriot trat 2005, wie stets umjubelt, in der Philharmonie als Erzähler in Leonard Bernsteins Oper „Candide" nach einer Vorlage von Voltaire auf. Der König der Komiker hatte die Bundeskanzlerin Angela Merkel, den Bundespräsidenten Horst Köhler und den Regierenden Bürgermeister Klaus Wowereit entzückt. Die minutenlangen stehenden Ovationen wurden angeführt vom Bundespräsidenten, der als erster aufsprang. Danach lud Claude Martin, ganz wie im 19. Jahrhundert üblich, zu einem Mitternachts-Souper mit 160 Gästen in die Französische Botschaft.

Beim Souper scharten sich um Loriot seine langjährige geniale Partnerin Evelyn Hamann, Iris Berben, Günther Jauch… Über die kühne These, das Voltaire Westfalen, wo die Handlung von „Candide" beginnt, „irgendwo in der Nähe Bulgariens" vermutete – so Loriot – wurde beim Souper kenntnisreich diskutiert. Claude Martin erzählte ebenso gelehrt wie lässig von seinen Telefon-Recherchen in Paris und Oxford nach dem Lieblingsgericht Voltaires. Die Linsen auf der Speisekarte waren demnach historisch beglaubigt.

Bildung als diplomatisches Element, ironisches Bezugnehmen auf verborgene geistige Verbindungen – kurz das, was die Angelsachsen "Sophistication" nennen – war immer wieder das überraschend Neue, Sympathische an der um und nach 2000 in Berlin tätigen Diplomatie. Es wurde systematisch inszeniert von einfallsreichen Kulturattachés wie der genia-

lischen Österreicherin Teresa Indjein, die zu den hochkarätigen Veranstaltungsserien sogar ein philosophisch ambitioniertes Vierteljahresblatt herausbrachte. Indjein, hervorragend mit der österreichischen Staatsspitze vernetzt, war demonstrative Anhängerin der internationalen Mode-Avantgarde. Sie wirkte auch bisweilen als professionelle Schlagzeugerin in einer Bossa Nova Band. Ihr auch kulturhistorisch tiefsinniges Programm einer Erforschung der Beziehungen zwischen deutscher und österreichischer Kultur wurde mitgetragen von dem starken Botschafter Christian Prosl. Ebenfalls dauerhaft hochkarätig war und ist das Kulturprogramm der skandinavischen Botschaften. Schweden nahm für einige Jahre einen bedeutenden Dichter, Aris Fioretos als Kulturattaché in Dienst, der durch Romane im Milieu der Berliner „Roaring Twenties" hervorgetreten war.
Ein herausragender Vertreter dieses intellektuell anspruchsvollen Diplomatie-Stils war auch der italienische Botschafter ab 2005. Antonio Puri Purini, der bis 2009 an der Spree wirkte, dachte in großen historischen Zusammenhän-

Bundeskanzlerin Dr. Angela Merkel und Prof. Joachim Sauer mit Bundespräsident Horst Köhler und Eva Luise Köhler in der Philharmonie

Lord Weidenfeld, Prof. Dr. Hubert Burda, Dr. Mathias Döpfner bei der Medienkonferenz "M100" in Potsdam

Von links nach rechts:

Dr. Christian Prosl, österreichischer Botschafter bis 2009, ehem. US-Botschafter John C. Kornblum, Prof. Gary Smith, American Academy

Club of Three 1991

Da es Anfang der neunziger Jahre noch wenig attraktive Veranstaltungsorte gab, fand vieles in Hotels statt. Um dem zu entgehen, inszenierten wir manche Dinners in eleganten Privathäusern. So z. B. für Lord Weidenfeld das jährlich hochkarätig besetzte „Club of Three" Dinner.

Die Hausfrau, Frau Dr. Girardet, stellte uns großzügig ihr gesamtes Meißener Streublumenporzellan für 50 Personen zur Verfügung, das wir bereits am Vorabend auf den Tischen eindeckten. Dieser Anblick muss so verlockend gewesen sein, dass Diebe in der Nacht in die Villa einbrachen und fast das ganze Geschirr inklusive der herrlichen Suppenterrinen entwendeten. Ein großer Schock für alle – und die illustren Gäste mussten mit schlichtem Leihgeschirr Vorlieb nehmen.

gen. Europäisch war sein Weltbild, europäisch die Biografie des vorbildlichen, perfekt deutsch sprechenden Gentlemans alter Schule, der in Athen geboren und in Österreich aufgewachsen war. Purini fand in Berlin den idealen Ort, um als Europäer Brücken zu schlagen und Identität zu stiften. Die Botschaft machte er mithilfe seiner Frau Rosanna und seiner exzellenten Kontakte zu römischen Museen zu einem faszinierenden Kunst-Ort. An Berlin gefielen ihm vor allem die Kunst, die Architektur, die Galerien und die vielen jungen Künstler. Der spezifische Charakter der Stadt, ihre Tradition des Respekts gegenüber unterschiedlichsten Lebensformen war Purini hochsympathisch – sowie die wichtige Rolle von Intelligenz anstelle bloßen Geld-Prestiges.

Koreanische Botschaft

Viele Botschafter waren über die unkonventionelle Lebensart der Berliner zunächst überrascht.
So gab z. B. der koreanische Botschafter einen Empfang in seiner Residenz in der Menzelstraße. Friede Springer fuhr – wie so häufig – mit dem Fahrrad zu diesem Ereignis. Der Botschafter konnte nicht fassen was er sah. Er erklärte Frau Springer eindringlich, dass er das auch sehr gern einmal tun würde, aber in seinem Land wäre so etwas undenkbar, da man so total sein Gesicht verlieren würde.

Purini beschloss 2009 nach seiner Pensionierung, in Berlin zu bleiben und seinen Europa-Neigungen im außerdienstlichen Rahmen weiter nachzugehen. Er folgte damit einem Beispiel, das in der Berliner Diplomatie nach 2000 immer häufiger wurde. Am prominentesten hatte schon in den 1990er Jahren der ehemalige amerikanische Botschafter John Kornblum dieses Lebensmuster vertreten. Seit 1964 im diplomatischen Dienst auf der ganzen Welt tätig, hatte es ihn immer wieder nach Berlin verschlagen, zuletzt von 1985 bis 1987 als stellvertretender alliierter Stadtkommandant und von 1997 bis 2001 als US-Botschafter. Der Zauber der Geschichte Berlins, die er in dramatischen Jahren selbst mitgestaltet hatte, ließ ihn nicht mehr los. Kornblum hat – in perfektem Deutsch – einmal gesagt: „Berlin ist für uns ein einziger Mythos: die Frivolität der 20er Jahre, dann die Hauptstadt des Bösen. Und schließlich der Kalte Krieg. Diese Mischung aus düsterer Geschichte und Lebenslust fasziniert die Amerikaner." Und: „Nirgendwo in Deutschland ist es so leicht, interessante Menschen aus den unterschiedlichsten Bereichen kennen zu lernen wie in Berlin." Als Repräsentant der Investmentbank Lazard und anderer Unternehmen stiftet der Ex-Botschafter fruchtbringende Wirtschaftsbeziehungen. Als philanthropischer Förderer trägt er Verantwortung für transatlantische Kulturinstitutionen wie die American Academy – zusammen mit deutschen Freunden wie dem Springer-Chef Mathias Döpfner oder dem Großverleger Stefan von Holtzbrinck oder dem Industriellen Franz Haniel.

Adieu Tristesse
Knut Teske

Die Verwandlung ist unübersehbar und auch für Blinde unüberhörbar. Manchen gefällt das auch wieder nicht. Zu laut, zu eng (geworden), zu bunt, zu teuer – nicht wiederzuerkennen. Mit anderen Worten, die alten Zeiten sind vorbei, auch für die schäbigen Häuser, öde, verfallen, abgeblättert, innen kalt und freudlos, Toiletten auf halber Treppe, Kohlen bis in den vierten Stock, Fahrstuhl unbekannt – so etwa sah es aus, im heutigen Hype-Bezirk Prenzlauer Berg anno 1993. Wirklich keine 1000 Jahre her. Im strengen Winter 1995/96 mit wochenlangen Temperaturen von unter 10 Grad minus fiel in der Oderberger Straße (und nicht nur dort) sechs Wochen lang das Wasser aus. Wegen eingefrorener Leitungen. Die Dritte Welt mit ihrem Sonnenschein war einem näher. Kein Wasser hieß, keinen Kaffee morgens, keine Toiletten ganztags. Von Waschen und Wäsche gar nicht erst zu reden.

Vorbei sind auch die Zeiten, in denen man verhuschte Menschen entlang der Hauswände, meist im Halbdunkel, durch die Straßen laufen sah. Ob sie angekommen sind, ob sie jemals ankommen, diese verhuschten Figuren, die das Stadtbild damals wie scheues Wild prägten, weiß niemand; ein Indiz, dass das doch der Fall sein könnte, ist allerdings die lodernde Subkultur – der andere Anziehungspunkt für junge Leute, von dem Bill Clinton schon gehört hatte, wie sein legendärer Auftritt vor zehn Jahren bewies. Was hier, vom Druck befreit, musikalisch im Untergrund tönt, dröhnt, brodelt – wird es wirklich von New York überboten? Was es an sonstiger Kunstform, an Darstellungen – Malereien, Skulpturen, Internetvariationen – gibt, wäre eines Generalstudiums würdig.

Es ist eng geworden – im Osten Berlins und teuer und anders. Das ist wahr. Dennoch gibt es so viele Fluchtpunkte wie nirgendwo sonst. Ost-Berlin oder Berlin-Mitte ist wie Ayurveda. Man kann eintauchen. Wenn man will, auch in ein Schlammbad und wieder auftauchen.

Es ist auch für Berlin ein nicht ganz normaler Stadtteil. Dafür fehlt es an der bürgerlichen Mittelschicht; sofern sie überhaupt vorhanden ist, fällt sie nicht auf (wie unter anderem die Wahlergebnisse zeigen).

Umso mehr das Außenseitertum, das nicht nur junge Leute, mindestens für eine Durchgangszeit, hypnotisiert. Man kann hier ein- und abtauchen. Man kann auch untergehen wie die einstigen Hoffnungsträger von SPD (Ibrahim Böhme) und CDU (Wolfgang Schnur). Ihre verleugnete Stasi-Mitgliedschaft wurde ihnen zum Verhängnis, und dann ist man sehr allein im Gewusel einer Metropole. Genau dieses Gewusel aber suchen die meisten. Und dafür bestehen gute Chancen. Die Zahl an Kneipen, Sitzecken, Cafés sowie weiteren Beköstigungsmöglichkeiten aller Art hat die Dichte eines Schwarzen Lochs – ein Nein widerlegt es, als es immer noch Platz findet für eine neue Stehtischausgabe. Das verbindet.

Kaum jemand aber weiß, was sich hinter den neuen Fassaden tut – es sei denn, er bekommt mal die Chance für den Blick hinter die Kulissen. Was hinter den alten Mauern an sensationell Modernem, an lichtdurchfluteten Wohnungen und Penthäusern entstanden ist, hält jeden Vergleich mit der City der Lofts aus, mit New York. Eine neue Variante des Untertauchens, ohne unterzugehen. Eine Variante, die keine 20 Jahre brauchte – nur Witz, Vision und Weitsicht.

Die Welt zieht nach Berlin

Der Zug der diplomatischen Karawane nach Berlin war nur der auffälligste Teil eines Phänomens, das innerhalb eines Jahrzehnts die gesellschaftlichen Strukturen der Stadt radikal verwandeln sollte. Über eine Million Menschen kamen und gingen nach 1990. Der neue Regierungssitz brachte nicht nur die Regierungsbeamten nach Berlin. Presse und Medien, Lobby und Interessenverbände, Repräsentanzen und „Hauptstadtbüros" der unterschiedlichsten Institutionen und Unternehmen siedelten sich an. Start Up-Firmen im Werbe-, Verlags- und Marketingfeld beschlossen, Berlin für den idealen Karriere-Standort zu halten. Die soziale Gruppe der „Young Urban Professionals" (Anzug, Hemd, keine Krawatte), vorher selten gesehen im Berliner Gemisch aus Bürokratie und akademischem Bürgertum (Tweedsakko, Krawatte) und künstlerischen Alternativen (Schwarz in Schwarz), prägten das Stadtbild immer mehr. Und Berlin internationalisierte sich. Weltbürger in komfortablen Vermögensumständen, die ihren Beruf überall auf dem Globus ausüben können, saturierte Erben, frühere Unternehmer oder andere Angehörige der Entscheider-Eliten im Ruhestand oder in „Sabbatical"-Phasen, arrivierte Künstler, erfolgreiche Manager – sie alle zogen ganz in die deutsche Hauptstadt oder legten sich einen Zweitwohnsitz zu. Doch man kam nicht zur Statusdemonstration nach Berlin. Reizvoll war eher die Kultursattheit der Stadt. Geld und Geist mischten sich deshalb viel ungezwungener als andernorts.

Was an Berlin reizte, war die originelle Doppeldeutigkeit der Stadt. Kulturell eine Weltmetropole: unbezweifelt die Welthauptstadt der Musik, Schlaraffenland der Opern-, Theater- und Offszenen-Freaks, europäische Metropole des nächtlichen Clublebens. Und das alles zu Preisen, die weltweit konkurrenzlos erschwinglich waren, auch für die finanziell noch schwache Nachwuchs-Generation.

Kultur war um 2000 in Berlin auch deshalb das Leitmotiv, weil trotz des Zustroms von kaufkräftigen Eliten die freie Wirtschaft weiterhin eine Nebenrolle spielte. Kulturell war Berlin Weltspitze, auch dank eines in langen Jahrzehnten der Kunstverwöhnung höchst sachkundig gewordenen Publikums und heftig konkurrierender Feuilletons. Ökonomisch war und blieb Berlin Provinz. Diese einmalige Mischung zog gerade besonders erfolgreiche Menschen magisch an: In Berlins offener Gesellschaft war Prominenz, ja wirklicher Einfluss, sehr schnell von denjenigen Newcomern zu erlangen, die Lust hatten, sich gesellschaftlich oder kulturell zu engagieren. 1990 erschien zum Beispiel der Hamburger Landmaschinenhändler Wilhelm von Boddien in Berlin, er setzte sich

für den Wiederaufbau des Stadtschlosses ein und wurde damit binnen kurzem zu einer stadtbekannten Berühmtheit. Vielleicht das erstaunlichste Phänomen in diesem Zusammenhang ist die eindrucksvolle Karriere des Kunsthändlers und Kunstsammlers Heinz Berggruen. Anfang der 1990er Jahre nur wenigen Insidern in der Berliner Kunstwelt bekannt, erlangte er innerhalb eines Jahrzehnts eine einzigartige Stellung im öffentlichen Leben. Berggruen kam auf Anregung von Bernd Schultz mit seiner Kunstsammlung der klassischen Moderne nach langen Jahren des Exils zurück in seine Heimatstadt Berlin. Obwohl er seinen Hauptwohnsitz Paris bis zum Tod nie aufgab, wurde sein Berlin-Engagement bis hinauf zu den Spitzen der Bundesrepublik als sprechendes Zeugnis der jüdisch-deutschen Versöhnung gewürdigt. Berggruen verkaufte seine Sammlung zu einem Vorzugspreis an Berlin, ein Museum wurde in Charlottenburg eingerichtet. Wichtiger als der Zuwachs an Kunstschätzen war bei alledem die Symbolik.

Grundsteinlegung der Bertelsmann Repräsentanz Unter den Linden 1

Unter den Linden Nr. 1

Wenn man ein Ereignis sucht, das die „Hauptstadtrolle Berlins" und die „Hauptstadtgesellschaft" wie im Brennglas gebündelt symbolisiert, dann war es das Fest zur Grundsteinlegung der Bertelsmann-Repräsentanz Berlin am 05. Juli 2001. Zu keinem anderen Zweck als dem einer prestigeträchtigen Adresse an der „Mall" der Hauptstadt, dem Boulevard unter den Linden, hatte der weltweit tätige, aber immer noch in der Provinzstadt Gütersloh residierende Konzern das Grundstück „Unter den Linden 1" gekauft – gegen heftige Konkurrenz. Beschlossen wurde die historische Rekonstruktion der Fassade des Vorgängerbaus – der Alten Kommandantur – nach historischen Photos: ein Paukenschlag zugunsten der Idee des Schlosswiederaufbaus und allein schon ein Mittel, sich schlagartig größte Aufmerksamkeit zu sichern. Das 1654 von Festungsbaumeister Johann Gregor Memhardt errichtete Wohnhaus war 1874 zur Kommandantur umgebaut worden und diente 150 Jahre lang als Sitz des Berliner Stadtkommandanten, in den letzten Kriegstagen 1945 brannte es völlig aus. Die DDR hatte die Ruinen abgeräumt und dort das Außenministerium erbaut – das nach 1990 abgerissen wurde. Bertelsmann und Bertelsmann-Stiftung wollten 2003 in die Rekonstruktion des verlorenen Gebäudes einziehen und eine „von Offenheit, Toleranz und Internationalität geprägte Stätte der Begegnung für Menschen aus Medien, Kultur, Wissenschaft, Politik und Wirtschaft sein" – so der Einladungstext der von Hardenberg Concept organisierten Feier. Angrenzend an das Gelände der künftigen Bertelsmann-Repräsentanz zwischen Schlossplatz und Kronprinzenpalais, prunkte hinter einer potemkinschen Fassade ein riesiges weißes Zelt mit langen weiße Bänken, farbigen Lichtern und gelben Windlichtern. Bertelsmann hatte 1.200 Gäste geladen. „Unter den Linden 1 wird unser Berliner Identifikationsort sein", sagte der damalige Bertelsmann-Chef Thomas Middelhoff, ein bekennender Berlin-Fan. In den Gästen repräsentierte sich fast alles, was politische Macht, publizistischen Einfluss oder popkulturelle Bedeutung im Deutschland des Jahres 2001 beanspruchen konnte.

Bundeskanzler Gerhard Schröder, seine Minister Otto Schily, Werner Müller und Joschka Fischer, die Oppositionspolitiker(innen) Friedrich Merz und Angela Merkel, Stars wie Udo Lindenberg, die Prinzen, Katja Riemann und Dieter Bohlen, Legenden wie Gunter Sachs plauderten mit Liz Mohn. Medien-Mächtige wie Sabine Christiansen und Hubert Burda erschienen, Gerhard Schröder gefiel der Abend deutlich. Das gesamte politische Establishment Berlins war anwesend oder wäre gerne eingeladen

Liz Mohn mit Tochter Dr. Brigitte Mohn, Bertelsmann Vorstandsvorsitzender Hartmut Ostrowski

Thomas Gottschalk, Steven Spielberg, Irmgard Konrad, Auschwitz-Überlebende, Prof. Dr. Hubert Burda, Sabine Christiansen

B'nai B'rith
Dr. Angela Merkel,
Bundesaußenminister Joschka Fischer,
Lord Weidenfeld

gewesen: Unter den Linden 1 hatte sich als „the place to be" durchgesetzt.

Rückkehr des jüdischen Lebens nach Berlin

Das Jüdische, das im glanzvollen Berlin vor 1933 eine gesellschaftliche und kulturelle Schlüsselrolle gespielt hatte, kam um 2000 zurück nach Berlin. Nicht in den sozialen Dimensionen von einst, aber immerhin in einzelnen brillanten Persönlichkeiten wie Heinz Berggruen oder dem, wegen seiner Verbindung mit dem traditionell Israel nahestehenden Axel Springer Verlag, häufig in Berlin weilenden Lord Weidenfeld aus London. In den Jahren um 2000 fügte sich allmählich ein Muster zusammen, das jüdische Leitmotive wieder zur Selbstverständlichkeit des Gesellschaftlichen machte. Die Eröffnung des Jüdischen Museums war sicherlich das herausragende Ereignis in diesem Zusammenhang.

Aber auch die American Academy – ermöglicht durch die Großherzigkeit der 1933 aus Berlin nach den USA emigrierten Kellen-Familie – geleitet von Gary Smith, dem Schwiegersohn des früheren deutschen Botschafters in Israel Klaus Schütz, muss hier genannt werden. Des Weiteren die von Bernd Schultz initiierte Stiftung des James-Simon-Preises zur Erinnerung an den Nofretete-Schenker und größten Mäzen der alten preußischen Museen. B'nai B'rith, die weltweit tätige philanthropische Institution, hielt 2008 ihre Versammlung in Berlin ab, organisiert von Hardenberg Concept.

Im Jahr 1998 organisierte Hardenberg Concept eine große Gala im Schloss Bellevue anlässlich der Verleihung des Bundesverdienstkreuzes an den Hollywood-Regisseur Steven Spielberg. Im Hintergrund half dabei tatkräftig der Verlag Hubert Burda. Das Zusammenwirken von Bun-

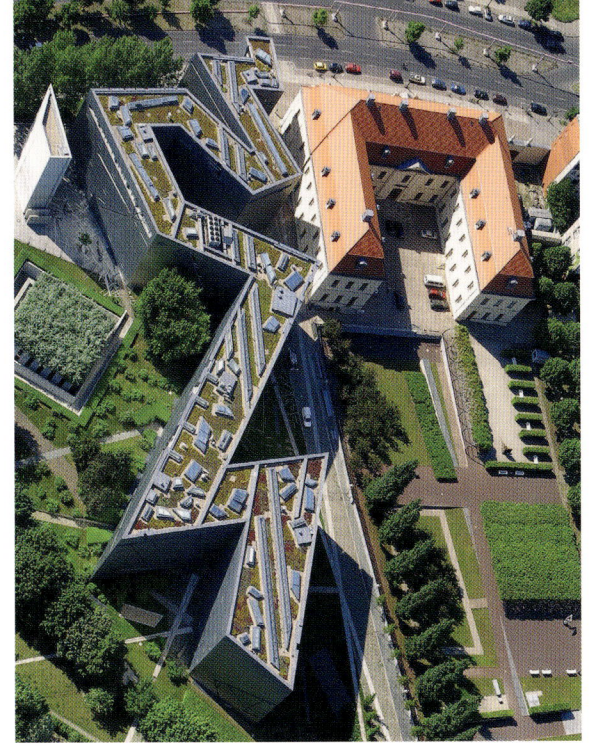

despräsidialamt und deutscher Medienwirtschaft brachte an diesem Abend eine Gästeschar zusammen, die in ihrer Zusammensetzung aus Kunst, Medien und Politik eine neue Qualität für die deutsche Hauptstadt bedeutete.

Die Eröffnung des Jüdischen Museums

Der Testfall, bei dem sich die neue „Berliner Republik" bewähren musste, war die Eröffnung des Jüdischen Museums. Niemals zuvor haben sich Staat und Gesellschaft der vereinigten Bundesrepublik so glanzvoll und gleichzeitig so hochpolitisch-geschichtsbewusst gezeigt. Dieses außerordentliche Kulturprojekt hatte schon vor seiner Eröffnung eine dramatische Laufbahn hinter sich. Den Architektenwettbewerb für einen Anbau an das Berlin-Museum hatte 1989 der Architekt Daniel Libeskind mit einem spektakulären Entwurf gewonnen. War mit Libeskind der erste Schritt zur Internationalität getan, so geschah der zweite 1997 durch die Berufung des ehemaligen amerikanischen Finanzministers Michael Blumenthal zum Direktor. Der Ausbau des Museums wurde zu einer Demonstration der „Berliner Republik", die sich bewusst zu einer neuen Aufgabe in der Hauptstadt und zum jüdischen Anteil an der deutschen Geschichte bekannte. Im Januar 2001 waren die „save-the-date" Briefe zur Eröffnung hinausgegangen, im April die Einladungen. Die potentielle Gästeliste für die feierliche Eröffnung wurde in der deutschen Gesellschaft mit gleicher Neugier diskutiert wie es in England traditionell mit den Hofnachrichten aus dem Buckingham Palace geschieht. Zum ersten Mal bei einem deutschen Kulturereignis wurde die Frage, wer geladen war und wer nicht zum „talk of the town". Wer auf der Liste stand, gehörte zur „Gesellschaft", zu jener Schicht, die auch ohne Boulevardpresse und Prominentenklatsch bedeutend ist. Ob es überhaupt möglich sei, eine solche „Gesellschaft" jenseits der lokalen Gesellschaften in den Landeshauptstädten definieren zu können, war allein schon eine spannende Frage.

Die Liste, die schließlich zustande kam, war ein Dokument für die Renaissance des sozialen Prinzips der Meritokratie: einer Elite der Erfolgreichen aus Politik, Wirtschafts- und Geistesleben, Publizistik, Kunst und Entertainment, die allesamt bereit waren, sich demonstrativ an einem Schlüsselereignis des deutschen Geschichtsverständnisses zu beteiligen. Es gab niemand, der nicht unbedingt dabei sein wollte bei diesem gesellschaftlichen Großereignis – und einem „on dit" nach gab es im Vorfeld heftiges Gerangel um die Einladungen. Bei begrenztem Platz sind Enttäuschungen nicht zu vermeiden. Ein „To-die-for-invite"-Event nannte es Newsweek, ein „Weltkulturereignis" die „Süddeutsche".

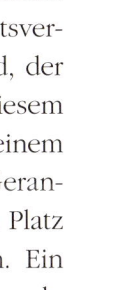

Vogelperspektive Jüdisches Museum

Beim Placement mit dem Direktor des Jüdischen Museums, Prof. Michael Blumenthal

Iris Berben und Paul Spiegel

Es ergab sich das echte Problem, dass die Warteliste um ein Vielfaches länger wurde als die Liste der Geladenen. Und auf ihr standen 850 Namen, vor allem aus Deutschland, den USA und Israel. „Eine Art ‚Who's Who' der globalisierten Wirtschaft, Politik, Medienwelt, Kultur" nannte es der „Stern". Bei der Erstellung der Gästeliste wurden sowohl das Protokoll des Bundespräsidialamtes wie des Kanzleramtes konsultiert. Unter den 850 Ehrengästen waren die Spitzen aus Politik, Wirtschaft und Gesellschaft, Kultur, Medien und Unterhaltung vertreten. Die Spitze des politischen Protokolls war vollzählig versammelt, die so genannten „Verfassungsorgane": Bundespräsident, Bundeskanzler, Bundestagspräsident und Präsidentin des Bundesverfassungsgerichts. Dazu kamen Bundeskabinettsmitglieder, der Regierende Bürgermeister, Senatoren, zwei Ministerpräsidenten und Parlamentarier. Aber natürlich war auch die gute Berliner Gesellschaft anwesend: Alt-Bundespräsident Richard von Weizsäcker, die Verlegerin Friede Springer, und der in die Wirtschaft übergewechselte frühere amerikanische Botschafter Kornblum, der Festwochen-Intendant Joachim Sartorius und Heinz Berggruen.

US-Außenminister Henry Kissinger mit Bundespräsident a.D. Dr. Richard von Weizsäcker und Marianne Freifrau von Weizsäcker

Die Eröffnung war eine Gala mit allem Glanz der Dekorationen und mit aller Festlichkeit. Aber ihren kulturhistorischen Rang erhielt sie durch die Anwesenheit bedeutender Figuren wie Henry Kissinger, Richard Holbrooke oder Fritz Stern, die das Emigrationsschicksal zu Amerikanern gemacht hatte. Und es gab darüber hinaus viele historische Beziehungen zum jüdischen Schicksal in der Zeit des Holocaust. Sie wurden Thema vieler berührender Dialoge. So war etwa die Geige des Konzertmeisters des Chicago Symphony Orchestras einst von Alma

Rosé gespielt worden, jener österreichischen Virtuosin, die das Mädchenorchester im Konzentrationslager Auschwitz geleitet hatte und dort 1944 umgekommen war. Bei der Eröffnung anwesend waren auch die Cellistin Anita

Lasker-Wallfisch aus London, die ebenfalls im Mädchenorchester gespielt, und Auschwitz überlebt hatte, ebenso wie ihre Schwester Renate Lasker-Harpprecht.

Den Auftakt machte ein Festkonzert in der Philharmonie. 2.400 Gäste in Black Tie und Abendroben lauschten dem Chicago Symphony Orchestra unter Daniel Barenboim, das Gustav Mahlers Siebte Symphonie spielte. In der ersten Reihe Henry Kissinger, Bundeskanzler Schröder mit Frau Doris, die Weizsäckers, daneben die Bundesminister Otto Schily und Joschka Fischer, dazu der Regierende Bürgermeister Klaus Wowereit, links der Vorsitzende des Zentralrats der Juden in Deutschland, Paul Spiegel, mit dem Friedenspreisträger Fritz Stern aus New York. Dahinter Bertelsmann-Chef Thomas Middelhoff und „Zeit"-Chef Michael Naumann, neben ihnen Marcel Teofila Reich-Ranicki, flankiert von dem Architekten Daniel Libeskind und dem Bundesminister Jürgen Trittin.

Unter welcher Hochspannung alles stattfand, wurde in einem aufschlussreichen Versprecher deutlich: Eine Hostess im Bus kündigte nach dem Konzert als Ziel des Shuttles nicht das Jüdische, sondern das „mythische" Museum an. Sie sprach damit eine doppelte Wahrheit aus: weit über die museale Funktion einer Informationsstätte war der Libeskind-Bau schon vor der Eröffnung zu einem Mythos geworden, dank der merkwürdigen Gestalt, aber auch wegen seines Themas, das in tiefste Gefühlsregionen rührt. Bedenkt man diesen in jeder Minute ungesprochen, mitgedachten Unterton, dann hatte das Gelingen des Abends immer etwas von einer Gratwanderung. Im Foyer des Museums hörte man nach dem Konzert Hebräisch, Deutsch, Englisch, Französisch. Es gab Sushi- und Foie gras-Kanapees. Man sah schwarze Rabbinerhüte und viele Käppis.

Da war schon klar, dass Michael Blumenthal und Gräfin Hardenberg ein national und international viel beachtetes Ereignis gelingen würde: eine klassische Gala und zugleich ein geschichtspolitisches Schauspiel von großer Bedeutung. So viel Prominenz auf einmal hatte die Bundesrepublik noch nie erlebt. Michael

Maestro Daniel Barenboim und das Chicago Symphony Orchester

Gala-Tisch: Jeder Raum in einer anderen Farbe

Blumenthal hatte bewusst mit der Dramaturgie der Spannung und Überraschung gearbeitet. Indem er sich entschloss, das Museum nicht mit sich steigernden Aktivitäten langsam ins öffentliche Bewusstsein zu heben, sondern die Eröffnung als Paukenschlag auf einen Abend zu konzentrieren, setzte er alles auf eine Karte – und gewann. Der regnerische Sonntagabend wurde zu einem, allen Teilnehmern unvergesslichen Ereignis. Die Idee, eine Museumseröffnung zu einem gesellschaftlichen Glamour-Akt zu machen, war typisch amerikanisch, auch die gestaffelte Dramaturgie mit Einbeziehung eines weltberühmten amerikanischen Orchesters, des Chicago Symphony Orchestra für das Festkonzert in der Philharmonie. Aber sie funktionierte auch in Deutschland.

Das Puzzlespiel der Sitzordnung war in langen Wochen zwischen Michael Blumenthal und Gräfin Hardenberg erarbeitet worden. In den drei Geschossen des barocken Gebäudes neben Libeskinds Zick-Zack mischten sich Minister und Daimler-Vorstand, Goetheinstituts-Präsident und Kunsthändler, Anwalt und Verbands-Präsident. Die Publizisten Melvin Lasky und Klaus Harprecht, zwei alte Kämpfer gegen den Kommunismus, fanden sich an einem Tisch mit Gregor Gysi. Manfred Krug saß an einem Tisch mit Guido Westerwelle und Udo Zimmermann, dem Intendanten der Deutschen Oper Berlin; Wolfgang Schäuble hatte Stefan Heym und Siegfried Unseld als Tischnachbarn. Der Unternehmer Rafael Roth, Mäzen des Museums traf auf Meret Becker und Iris Berben in chinesischer Seide, die Haare nach Geisha-Art hochgesteckt. Shawne Fielding erschien diesmal züchtig im konservativen Schwarzen.

Im deutlichen Gegensatz zur Lässigkeit der Gästemischung stand der durchwegs ernste Tenor aller Tischreden. Der Bundespräsident versuchte sich an einem Grundkurs der deutsch-jüdischen Geschichte, beginnend mit der Urkunde Kaiser Konstantins aus dem Jahr 321, die zum ersten Mal jüdisches Leben auf deutschem Boden bezeugt. Entschlossen trat Johannes Rau einer Katastrophendeutung der deutsch-jüdischen Geschichte entgegen. Der Holocaust sei nicht das „von Anfang an absehbare böse Ende jüdischen Lebens in Deutschland gewesen. Der Holocaust war weder im deutschen Wesen, noch in der deutschen Geschichte angelegt".

Der Abend wurde zu Blumenthals Stunde, als er die Geschichtspolitik der Nachkriegsgeneration in der Bundesrepublik lobte, sowie die Initiativen zu Gedenkstätten und Mahnmalen, zum Berliner „Haus der Wannseekonferenz" und der „Topographie des Terrors". Das alles sei beispiellos. „Soviel ich weiß, hat bis jetzt noch keine Nation auf ihrem eigenen Boden Mahnmale errichtet zum Gedenken an die Opfer jener Verbrechen, die von ehemaligen Regierungen des Landes und den eigenen Mitbürgern begangen wurden."

Beim Dinner (Kalbsfilet mit Morcheln, Kibbuzfrüchten zu 99er Geheimrat „J" Riesling Spätlese und Château Castera aus dem Médoc) war unter den Gästen viel von einem „historischen Tag" zu hören, vom Beginn neuer Chancen. Nach dem Essen folgte für die meisten Gäste der Gang durch den Libeskind-Bau. Viele kannten

Friede Spinger und
Prof. Michael Blumenthal

Rabbiner Yitzhak Ehrenberg im Gespräch

ihn vorher schon als Labyrinth von leeren Räumen. Nun war er zum Museum geworden und erinnerte an Jahrhunderte jüdischen Lebens in Deutschland. Bundeskanzler Schröder und seine Frau wurden von Blumenthal persönlich geführt. Als erster Gast beschrieb Schröder den roten „Granatapfel" aus Papier, den auch künftige Besucher als Wunschzettel an den Granatapfelbaum heften sollten. Bewegt zeigte sich Henry Kissinger, der besonders lange das Leben der Juden im Mittelalter studierte. Selbst der immer skeptische Vorsitzende des Zentralrats der deutschen Juden, Paul Spiegel sagte, dass „dies eine gute Ausstellung für junge Leute und Kinder ist, die nicht betroffen und schuldbeladen herauskommen".

Die deutsche Presse, die mit Argusaugen über Gelingen oder Misslingen des Events wachte, fragte in den Tagen danach, ob das Publikum die deutsche Elite darstellen würde, gar einen Abriss der „Berliner Republik"? Und zog befriedigt das Fazit, dass es einen solchen Aufmarsch von Prominenten dieser Republik auf ihrem gesellschaftlich eher dünn bewachsenen Boden bislang nicht gegeben hat, nicht in Bonn, aber auch nicht in Berlin. Die tiefsinnigste Deutung des Ereignisses versuchte die Frankfurter Allgemeine Zeitung, die nicht nur die Gästeliste komplett als historisches Zeugnis abdruckte.

Eröffnung des Jüdischen Museums 2001
Auszug aus der Gästeliste

Bundespräsident Dr. Johannes Rau, Christina Rau
Bundeskanzler Dr. Gerhard Schröder, Doris Schröder-Köpf

Maestro Daniel Barenboim, Prof. Dr. Arnulf Baring, Meret Becker, Prof. Dr. Berthold Beitz, Iris Berben, Prof. Dr. Roland Berger, Karin Berger, Dr. Heinz Berggruen, Prof. Michael Blumenthal, Botschafter Thomas Borer-Fielding, Shawne Fielding, Prof. Hubert Burda, Dr. Maria Furtwängler, Ministerpräsident Wolfgang Clement, Dr. Gerhard Cromme, Gianni van Daalen, Dr. Mathias Döpfner, Ulrike Döpfner, Bundesminister Joschka Fischer, Vizepräsident des Zentralrats der Juden Dr. Michel Friedman, Bärbel Schäfer, Dr. Gregor Gysi, Prof. Dr. Hans Olaf Henkel, Prof. Dr. Gabriele Henkel, Staatssekretär Uwe Carsten Heye, Prof. Dr. Hilmar Hoffmann, Richard C. Holbrooke, Dr. Josef Joffe, Henry Kissinger, Botschafter John C. Kornblum, Manfred Krug, Bundesministerin Renate Künast, Bundesminister a.D. Manfred Lahnstein, Sonja Kandel-Lahnstein, Bundesminister a.D. Graf Dr. Otto Lambsdorff, Gräfin Alexandra Lambsdorff, Melvin Lasky, Daniel Libeskind, Klaus Mangold, Dr. Erich Marx, Dr. Angela Merkel, Prof. Joachim Sauer, Friedrich Merz, Liz Mohn, Prof. Alfred Neven DuMont, Staatsminister Prof. Dr. Julian Nida-Rümelin, Dr. Jens Odewald, Franz Xaver Ohnesorg, Dr. Michael Otto, Christl Otto, Prof. Dr. Werner Otto, Dr. Hartwig Piepenbrock, Heinrich von Pierer, Jobst Plog, Karl Otto Pöhl, Dr. Ulrike Pöhl, Prof. Dr. Peter Raue, Prof. Dr. Marcel Reich-Ranicki, Edzard Reuter, Dr. Hergard Rohwedder, Rafael Roth, Joachim Sartorius, Bundesminister a.D. Dr. Wolfgang Schäuble, Staatssekretär Rezzo Schlauch, Bundeskanzler a.D. Helmut Schmidt, Bundesministerin Ulla Schmidt, Dr. André Schmitz, Gerd Schulte Hillen, Erich Sixt, Regine Sixt, Dr. Ron Sommer, Präsident des Zentralrats der Juden Dr. Paul Spiegel, Prof. Fritz Stern, Frida Süsskind, Bundestagspräsident Dr. Wolfgang Thierse, Dr. Siegfried Unseld, Ministerpräsident Prof. Dr. Bernhard Vogel, Bundespräsident a.D. Dr. Richard von Weizsäcker, Dr. Guido Westerwelle, Regierender Bürgermeister Klaus Wowereit, Udo Zimmermann

The Hebrew University of Jerusalem

Jüdische Veranstaltungen in Deutschland haben etwas ganz Besonderes. Man begegnet Menschen, deren persönliche Geschichte stark geprägt ist von der Vergangenheit. Die dreitägige Europa-Konferenz, die von der Hebräischen Universität von Jerusalem alle zwei Jahre in unterschiedlichen europäischen Städten veranstaltet wird, fand im April 2002 erstmals in Deutschland statt. Namhafte Akademiker, hochrangige Politiker und führende Industrielle aus der ganzen Welt hatten sich angemeldet. Es herrschte höchste Sicherheitsstufe.
Wir waren sowohl verantwortlich für den Konferenzablauf, als auch für die Rahmenprogramme – vom Besuch des Jüdischen Museums bis zu einem festlichen Dinner, zu dem der Bundespräsident, Johannes Rau, am Samstagabend ins Schloss Bellevue eingeladen hatte.
Da unter den Gästen streng orthodoxe Gläubige waren, mussten die religiösen Gepflogenheiten absolut respektiert werden. So engagierten wir einen koscheren Caterer aus Belgien, der am Freitag zwischen 15:00 und 17:00 Uhr anreisen sollte, um vor Beginn des Shabbat – an dem Tag etwa um 20:20 Uhr – gerade noch die Speisen und Getränke in einen Kühlraum ausladen zu können. Das koschere Geschirr und Besteck blieben im Lastwagen bis Samstag zum Ende des Shabbat um 21:20 Uhr. Alles wurde von einem Rabbiner aus Berlin streng überwacht. Leider verspätete sich der Cateringtransport, so dass auch nach 20:20 Uhr noch ausgeladen werden musste. Das durften nur nichtgläubige Mitarbeiter übernehmen, unterstützt von zwei unserer Hostessen, die immer die Türen öffnen und schließen mussten.

Dieser Freitag, der 26. April, stand unter einem schlechten Stern, ganz Deutschland war schockiert über die Nachricht des Amoklaufs in einem Gymnasium in Erfurt. Es gab fast eine Telefonstandleitung zwischen dem Bundespräsidialamt und unserem Büro ... wie gehen wir mit dieser neuen Situation um? Sollen wir das Dinner absagen? Ist Staatstrauer angesagt? Welche Alternative könnten wir den Gästen anbieten? In jedem Fall muss das Programm geändert werden: die Comedian Harmonists sollten heiter durch den Abend führen, aber nach „kleinem grünen Kaktus" stand keinem der Sinn. Kurzfristig gewannen wir das Potsdam Duo mit getragenen Stücken von Mendelssohn, Beethoven und Mozart. Wir bekamen die Nachricht, dass der Bundespräsident am Samstag nach Erfurt fahren würde, man nicht genau wisse, wann er zurückkäme und ob er – wegen seiner angegriffenen Gesundheit – in der Lage sein würde, diesen Abend lange durchzuhalten.
Man bat um Verständnis, die Busse für die Rückkehr ins Hotel bereits für 23:00 Uhr zu bestellen.

Was für ein Zeitplan! Für die orthodoxen Gläubigen dürfte es eigentlich erst nach 21:20 Uhr losgehen... Wir müssen einen Kompromiss finden.

Der Shuttletransfer von Tagungshotel Adlon ins Schloss durfte bereits ab 20:50 Uhr beginnen – ausnahmsweise wurde die Sicherheitskontrolle schon beim Einsteigen in die Busse vorgenommen.

Budespräsident
Dr. Johannes Rau, Yigal Arnon, Präsident Menachem Magidor

Es beginnt mit einem Empfang des Bundespräsidenten im Salon. Wir müssen Zeit gewinnen – aus religiösen Gründen dürfen warme Speisen erst nach 21:20 Uhr gereicht werden, also gibt es in allen Räumen erstmal kalte Köstlichkeiten – um Punkt 21:21 Uhr wird das warme Buffet eröffnet, auch das orthodoxe Küchenpersonal darf wieder arbeiten. Es bleibt nicht viel Zeit, denn um 22:00 Uhr werden die Gäste platziert.

Nach einem kurzen Musikstück tritt der Bundespräsident ans Rednerpult. Sichtlich mitgenommen begrüßt der seine Gäste. Nach wenigen Sätzen schließt er sein Manuskript und hält eine freie sehr bewegende Rede. Er erzählt von seinen Eindrücken aus Erfurt, spricht von Schuld, vom Wegschauen, von den Anfängen der Gewalt, erzählt aus seiner Kindheit in Wuppertal, von Menschen die plötzlich verschwanden, die einen Judenstern trugen, oder für immer eine Nummer am Arm.

Im Saal hätte man eine Nadel fallen hören können – ein Herr in der vorletzten Reihe schiebt seinen linken Ärmel hoch und zeigt der Nachbarin seine Nummer. Rau spricht von Verantwortung, Respekt, Versöhnung... und endet mit einem Dank an seine jüdischen Gäste, dass sie aus aller Welt nach Berlin gekommen sind.

Betroffenes Schweigen im Saal, bestimmt 15 lange Sekunden, dann ertönt tosender Beifall.

Der Präsident der Hebrew University spricht Dankesworte. Dann tritt – ungeplant – ein weiteres Vorstandsmitglied aus Jerusalem ans Rednerpult. Er schaut dem Bundespräsidenten in die Augen und sagt: „Wenn man in unserem Land jemandem seine Hochachtung und sein Vertrauen entgegenbringen möchte, dann nennt man ihn einfach bei seinem Vornamen. Und ich sage „Johannes"... und ging zurück zu seinem Platz.

Die Gäste erheben sich – Standing Ovations für den Bundespräsidenten.

Danach gab es ein köstliches Dessertbuffet und lange sehr angeregte Gespräche. Selbst der Bundespräsident und seine Frau blieben bis 1:30 Uhr und der letzte Bus verließ Schloss Bellevue schließlich um 2:00 Uhr morgens.

Dorothea von Eberhardt

Dorothea von Eberhardt, Christine Rau, Dr. Giuseppe Vita

Jochim Stoltenberg trifft Berliner Unternehmerin Isa Gräfin von Hardenberg

Das Tor zu Berlin

Sie ist die gesellschaftliche ... der deutschen Haupt... von Hardenberg ... wo eingeladen ist ... Berlin gehorcht ih...

Die Partyfee von der Spree

EVENT-MANAGERIN. Berlin hat sich Flair angeeignet – Politiker und Firmen-Chefs, Künstler und Wissenschaftler tummeln sich auf Partys, Vernissagen, Events. An vorderster Gesellschafts-Front mischt in der deutschen Hauptstadt eine Frau mit: Isa Gräfin von Hardenberg

[Von Mariella Bauer]

...chafterin
...hmacks
...nächtigsten ...sche der Stadt

Isa Gräfin von Hardenberg, 51

Die Magierin der glanzvoll-eleganten Feste
Die WELT war zu Besuch bei Isa Gräfin von Hardenberg in Nikolassee

Von INGA GRIESE

DIE WELT

Gesellschafterin

wichtigsten Feste Deutschlands. Stil ist Pflicht, und den Service übernehmen hat sich die **Selfmadefrau** einem internationalen Netzwerk angeschlossen

Die Umzugs-Gräfin

...len nach Berlin? Und das standesgemäß? Sie haben das nötige ... Dann wenden Sie sich doch an Gräfin **ISA VON HARDENBERG**

VON VOLKER BUSTEDT

...summate countess

...ur's galas for well-to-do ...on the party map ...castles, if not their ruins. Nobility hasn't surrendered just yet. Estimates of titled Germans ...ge between 60,000 and

sometimes a little rough, but have a very good humor."
Moving the capital from Bonn — decided narrowly by the Bundestag in 1991 — hasn't pleased

Berlin wird Mode

Inga Griese

Man ging zu Zenker. Zu Braun. Die Männer zu Hellmann. Oder am liebsten ganz woanders hin. In den Westen. London, New York, Paris, München. Wer um die Wende herum mit einem halbwegs klassischen Outfit, einem Jil Sander Kostüm oder einfach nur in Flanellhose, Blazer, dezent gestreiftem Hemd und Armani-Hornbrille auftauchte, wurde anerkennend angesprochen: „Schick. Sicher in Hamburg gekauft?" Oder man wurde gleich für adelig gehalten. Karrieren konnten einen leichten Start haben. Stil. Wow! Nee, das ist nicht unverschämt gemeint. Hey, wir sind in Berlin. Da ist man frei heraus. In der Stadt, in der Politiker, wenn sie unter die Wähler gehen, als erstes das Jackett ausziehen – wenn sie denn eines anhaben. Wo Karl-Theodor zu Guttenberg als Wirtschaftsminister alle Faszinationsrekorde bricht, was nicht nur seiner Jugend und seinem klaren, weltgewandtem Auftreten zuzuschreiben ist, sondern auch seinem Stil. Der Freiherr weiß einfach, was man wann wie trägt. Huch?!

Die Modestadt, die Berlin einst war und die oft ermüdend beschworen wurde in den Postwendejahren, ist sie nie wieder geworden.
Sie ist eine andere geworden.
Die 1930 blühende deutsche Konfektion mit jüdischen Schneidern und Modefirmen gab es nach dem Krieg nicht mehr. Ihr einstiges Zentrum, der Hausvogteiplatz, lag in Trümmern und schlimmer noch, die Menschen waren verjagt und ermordet. Mitte der 50er-Jahre gab es jedoch wieder 450 Betriebe mit 50.000 Beschäftigten. 1954 zeigten die führenden Modehäuser die erste Modenschau in einem Flugzeug! In der Luft! Gute Güte, war das mondän! Modeschöpfer wie Heinz Oestergaard und Uli Richter prägten den Stil der Zeit über Berlin hinaus. Romy Schneider, Hildegard Knef, Fürstin Gracia Patricia gehörten in den Fünfzigern und Sechzigern zu den Kundinnen. Modehäuser wie Detlev Albers, Hans W. Claussen, Staebe und Seger oder Horn setzen die Anregungen aus Paris und Rom in City-Schick um. Doch mit dem Mauerbau 1961 wurde mehr als 7.000 Mode-Mitarbeitern der Weg zur Arbeit im Westteil der Stadt versperrt. Von einem Tag zum anderen. Der Anfang vom Abgesang einer Branche. Berlin verlor die Magie. Das Wissen war ausgesperrt oder wanderte ab. Detlev Albers und Uli Richter warfen 1982 hin. Nur Gerhard und Sandra Pabst hielten durch. Bis 2002.

Angelica Blechschmidt

Nadja Auermann bei der Valentino Eröffnung

Anna von Griesheim und Tamara Gräfin Nayhauß, Hartwig und Maria-Theresia Piepenbrock, Nadja Michael

Ende der achtziger Jahre kam noch einmal Euphorie auf. Uli Richter kehrte als Professor nach Berlin zurück. Der in Heide geborene Wahl-Berliner Reimer Claussen galt als erfolgreicher Senkrechtstarter, ließ sich von Andy Warhol portraitieren, kleidete als einziger deutscher Designer die Frau des amerikanischen Botschafters Gahl Burt ein und wurde nach Wolfgang Joop und Karl Lagerfeld mit dem „Goldenen Spinnrad" ausgezeichnet. Der Hamburger Pelz-Designer Dieter Zoern orakelte auf dem Fashion-Talk im Berlin Museum 1987: „Spätestens in drei Jahren wird Berlin wieder die Mode-Metropole sein."

Naja. Aber immerhin kamen bald nach der Wende schon mal die gut gekleideten, dynamischen jungen Leute, die Birgit Breuel als Treuhand-Chefin engagierte. Ein Tropfen auf dem heißen Straßenbild.

Doch mit dem Bauboom 1992 kamen nicht nur neue Büros. Auch am Flair wurde gezimmert. Das KaDeWe, schon immer Leuchtturm der Westberliner Konsumgesellschaft, begann sich neu zu erfinden – es ist überhaupt der Ort, an dem sich der Lifestyle-Wandel der Stadt dokumentieren lässt. Schon seit seiner Gründung vor über hundert Jahren und seit der Wende erst recht. Vom spießigen Restaurant Silberterrasse mit vergoldeten Urwaldblättern als vermeintlich mondäner Dekoration ist nichts mehr übrig im heutigen Luxuskaufhaus, das den Vergleich mit Harrods oder Selfridges nicht scheuen muss. Eher umgekehrt.

Und dann landete im Februar 1996 das Ufo Galeries Lafayette und brachte mit seiner fantastischen Glasarchitektur neues Leben in die Friedrichstraße. Überhaupt, dass die Franzosen nach dem Abzug ihrer Truppen nun mit Lebensart zurückkamen, das war schon etwas. Die Hundertschaften aufgeregter Gäste schauten in den Nouvellschen Trichter hinunter und sahen durch die gläsernen Wände in die Zukunft.

Die Berliner Zeitung beobachtete damals eine typische Diskussionsrunde:

Keine Frage, Berlin wird Weltstadt. Und da sollte man Visionen haben. Nichts liegt näher, als sich über die Friedrichstraße zu unterhalten. Schließlich wurde mit der Eröffnung der Galeries Lafayette vor ein paar Tagen ein Meilenstein gesetzt.

Fast gegenüber, nur ein paar Häuser weiter, trafen sich denn auch unter den Fittichen der

89er Bürgerbewegten, im Haus der Demokratie, Kritiker und Befürworter der neuen Friedrichstraße. Sie wollten ihre Visionen für die einstige Amüsiermeile vorstellen. Wie sieht sie also aus, die Friedrichstraße im Jahre 2000 oder 2005? Werden dann Berliner und Touristen auf dem Bürgersteig flanieren, auf Korbstühlen eines Straßencafés sitzen, dabei Musikanten oder Marionettenspielern zusehen? Wer nun von Stadtplanern, Politikern oder der Interessengemeinschaft Friedrichstraße derlei Worte hören will, wird enttäuscht. Sie bauen ein neues Stadtviertel, haben aber keine Visionen.

Man weiß nur, was man nicht will. Nämlich das „Postkartenbild der 20er Jahre", so Ex-Senatsbaudirektor Hans Stimmann, jetzt Staatssekretär für Stadtentwicklung. Also kein „Tante Emma"-Laden an der Ecke, keine Kiez-Kneipe. Das hat ja auch kein Metropolen-Flair. Stattdessen Waren der oberen Preisgruppen. „Wir brauchen eine Friedrichstraße mit großstädtischer Urbanität", weiß Stimmann. Soll wohl heißen, auf dem alten Stadtgrundriss entstehen neue Häuser. „Kritische Rekonstruktion" nennt man das. Deren Kritiker wiederum bemängeln die so gewollten und nun fast fertigen Betonklötze. Kein Platz für Bäume. Es fehlen öffentliche Flächen, wo man sich gern trifft.

Mittes Baustadträtin Karin Baumert spricht deshalb von einer „verpassten Chance", weil durch die Einkaufs- und Bürotempel unverrückbare Strukturen vorgegeben sind. Man solle auch anderen Nutzern eine Chance geben. Also doch Kiez-Kneipe und Blumenladen? „Der Einzelhandel muß Visionen entwickeln", wie er trotz hoher Mietpreise ansässig wird, sagt die Interessengemeinschaft.

Und was ist, wenn die Friedrichstraße nicht so funktioniert, wie von Investoren und Politikern erhofft? Dann bliebe der Gendarmenmarkt und die gesamte Friedrichstadt mit ihrer Kultur, mit Hotels und Geschäften, sagt Stimmann. Der Senat betrachte alles als Einheit. Fast wütend wird Stimmann, weil er stets den Pessimisten widersprechen muß: „Man muß Geduld haben." Der Erfolg der Friedrichstraße brauche seine Zeit – fünf, sieben, zehn Jahre.

Geduld war das Zauberwort, das keiner hören mochte. Das Lafayette litt gleich nach dem ersten Schaulustigen-Ansturm. Binnen kurzer Zeit musste der Direktor gehen, sein Nachfolger mahnte: „Wir haben Luft für vier, fünf Jahre – 20 Jahre halten wir das so nicht durch. Aber wir sind sicher: Die Friedrichstraße ist der Ort der Zukunft, wir sind nur etwas zu früh da."

Genau das war das Problem. Solvente Touristen gab es nicht genug und die ortsansässigen Kunden, die sich Design und Luxus leisten konnten, waren ja darauf konditioniert, außerhalb zu kaufen. „Hab ich aus London, von Sylt, aus Moritz", klang viele Jahre lang noch mondäner. Zum Glück für Berlin galt das nicht für die Russen. Für sie war Berlin die nahegelegendste Luxusgüterstation. In der Chanel-Boutique in der Fasenstraße oder bei

Jean-Louis Dumas-Hermès

Antonio Puri Purini und seine Frau Rosanna, Jette Joop

Sandra Pabst bei Cartier

Yves Saint Laurent am Kurfürstendamm ließen sie ihre schweren Marken-Taschen auf den Tresen sinken und holten Scheine päckchenweise hervor.

Während man zur gleichen Zeit Frauen mit großen Escada-Tüten aus dem Geschäft heraus eilig die Friedrichstraße entlang huschen sah, als wollten sie auf gar keinen Fall gesehen werden. Der Osten war noch nicht so weit und eine Lacktüte durchaus eine Provokation.

Doch die Modevölker blickten auf diese Stadt. Marke für Marke kamen sie. Wie Donna Karan im April 1997. Drei Jahre zuvor war die New Yorker Designerin zum ersten Mal überhaupt in Berlin gewesen. Hatte auf dem Bürgersteig in der Friedrichstraße gesessen und die Bauarbeiten beobachtet. Dort, wo erst kurz vor der Wende der mit markanter Arbeiter- und Bauernstaat-Reliefkunst verzierte, neue Konsumstolz der DDR eröffnet worden war, und nach kurzer Diskussion doch wieder verschwand, wuchsen nun aus „Europas größtem Bauloch" die Quartiere 205, 206, 207.

207 war das Lafayette, 206 noch mal eine Klasse für sich. Ein Investment von Anno August Jagdfeld und seiner Frau Anne Maria, denen Berlin viel an neuer Ästhetik verdankt. Mit Frau Jagdfelds Departmentstore 206 kam auf einmal das Barney's New York-Ambiente. Doch es war noch mehr Platz (und Investitionsbedarf) für mehr Internationalität im Quartier, für mehr Geschäfte im architektonisch atemberaubenden Einkaufszentrum mit seinen schwarz-weißen Marmorarbeiten.

Donna Karan konnte sich der Anziehungskraft des werdenden Ortes nicht entziehen. „Ich spürte ein Gefühl von Faszination, Untergrund und Geheimnis" erklärte sie und setzte um, was andere noch abwägten: Sie eröffnete ein Geschäft, als erste Mieterin. Wieder so ein Signal. Und was für eines. Auch für Isa von Hardenberg, die die Einweihungsparty organisierte. 1.400 Gäste. Gespart werden sollte an nichts. Und so flanierten die Menschen zwischen den beiden Geschossen des Quartiers über die geschwungenen Treppen hinauf- und hinunter, fühlten sich in dem riesigen Gebäude dank tausender Kerzen und weichen Polstern allenthalben geborgen. Viele waren zum ersten Mal an diesem Ort im Osten, waren skeptisch gewesen und wähnten sich doch mit einem Mal bei all der Lässigkeit und Eleganz, der Sprachenvielfalt, der wahrlich bunten Gästemischung in einem ganz anderen Land. Da ahnte man es, das neue Berlin.

Zu dem auch gehört, dass Donna Karan nicht durchhalten konnte am Standort. Andere auch nicht. Nun ist Louis Vuitton eingezogen. Und

Frau Jagdfeld hat mit ihrem mondänen Departmentstore 2008 zum ersten Mal schwarze Zahlen geschrieben.

Zum Berliner Handelsmosaik gehören aber auch die Guerilla Stores, die für kurze Zeit hochpoppen, ohne Werbung und dennoch weiß jeder Bescheid. Oder das neueste Geschäft von Andreas Murkudis, der mit seiner Auslage und Auswahl in einer Wohnung ganz unaufdringlich nur ein paar Vorschläge aus dem weiten Portfolio der Designwelt zu machen scheint. Oder die betont unaufgeregten Boutiquen, die erst gegen Mittag öffnen, und um sechs Uhr schließen oder eben manchmal auch gar nicht.

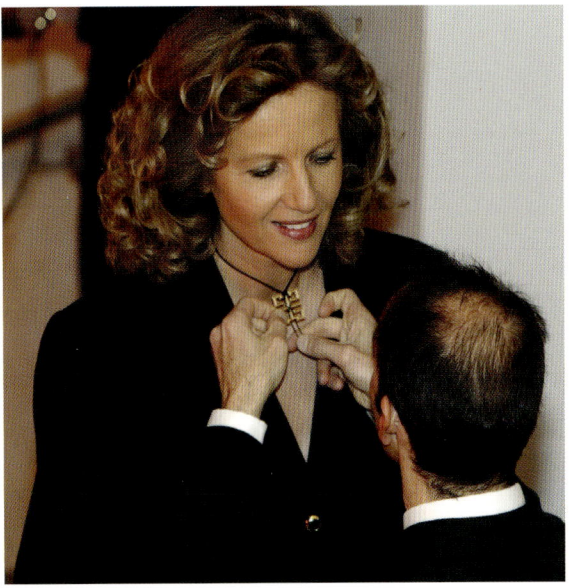

Dorothea von Eberhardt

Die Zeiten, in denen man Berlin zum Shopping verließ, sind vorbei. Im Gegenteil. Hier findet man alles: die dröhnende Idee, am Ku'damm den größten Laufsteg der Welt zu organisieren sowie die distinguierte Eleganz einer Hermès-Boutique. Den Berlin-Look an der Rosenthaler Straße wie die Weltluxusmarkenansammlung am oberen Kurfürstendamm. Cartier, Piaget, Bulgari oder eine Perlenbar. Immer so oder so. Auch in der Mode gilt: ein jeder nach seiner Facon. Und immer schön locker bleiben.

Donna Karan bei der Eröffnung im Quartier 206

Straßenlage
Katharina von der Leyen

Dass Berlin plötzlich eine Glamourstadt ist, ist eigentlich ein Oxymoron. In Berlin hieß „sich schick zu machen" lange Zeit, eine saubere Jeans anzuziehen, alte gegen neue Turnschuhe auszutauschen und sich der optischen Abwechslung halber einen Schal umzuwickeln. Wenn es wirklich ernst wurde,

Adrien Brody

zog man ein Kleid über die Jeans. Auch die schönsten Mädchen – von denen es in Berlin mehr gibt, als in irgendeiner anderen deutschen Stadt – sahen aus, als habe man einer Dreijährigen erlaubt, sich ganz alleine anzuziehen. Der Muster- und Materialmix wurde bestimmt in Berlin erfunden – nur sah das irgendwie ganz anders aus als in Paris.

Das hatte durchaus seinen Charme. Nach Berlin reiste man immer mit ganz leichtem Gepäck: Zahnbürste, Jeans, ein paar T-Shirts und vielleicht noch irgendwas Schimmerndes für Drüber, ein hoher Schuh – schon ist man für alle Belange gewappnet. „Underdressed" gibt es in Berlin nicht, und kein Loch im Pullover könnte so groß sein, als dass man es mit Persönlichkeit nicht wieder wettmachen könnte.

Denn: Wer gut gekleidet war, wurde mit Argwohn beäugt, als mache man sich damit schon der Oberflächlichkeit und Verschwendungssucht verdächtig. Als hätte man es irgendwie nötig, wenn man sich aufrüschte. Deshalb stapften Berliner jahrelang über die unzähligen roten Teppiche, als seien es Bettvorleger.

Das Motto „Kleider machen Leute" war ganz sicher kein Stiefel, den ein Berliner sich anzog. Den überließen sie mit einer gewissen Verachtung den „Out-of-Townern". Auf Partys erkannte man die Münchner und die Düsseldorfer schon von Weitem, das waren die in den Partyoutfits oder raschelnden Roben. Der Berliner kam im Freizeitlook der Extreme („Ach, gehst du noch mit dem Hund `raus? – „Nö, ich muss jetzt auf eine Gala."). Gastgeber, die aus anderen Städten gewohnt waren, Partys mit einem gewissen Aufwand zu geben, verzweifelten in Berlin schier: Trotz erlesenem Catering und elegantestem Rahmen sahen die Berliner Gäste immer irgendwie so aus, als wären sie auf einem Garagenfest.

Das kam natürlich daher, dass in Berlin für derlei Frivolitäten lange Zeit kein Geld da war.
Aus der Not wurde gewissermaßen eine Tugend. „Stil zeigen" bedeutete für die Berliner, den Stilbruch zu zelebrieren – Ringelstrümpfe zum geblümten Chiffonkleid, Stiefel zum Kleinen Schwarzen. Erstaunliche Farbkombinationen oder Löcher in den Strümpfen wurden gerne mal mit Authentizität verwechselt – daraus ist dann aber eine eigene Modebewegung entstanden.

Schlechter Geschmack stört in Berlin niemanden: Hier geht es doch um Sein, nicht Schein. Berlin ist die Stadt der Meinungen, der Demos, der Krawalle, der Kunst. Bis heute wird hier vermutet, dass Talent und Glamour nicht wirklich zusammengehen.

Daher war es in keiner anderen Stadt lange Zeit so leicht, durch hervorragendes Aussehen aufzufallen. Wer sich nur ein bisschen Mühe gab, wurde sogleich zur Stil-Ikone gekürt. Dementsprechend gab es in Berlin plötzlich geradezu eine Stilikonen-Explosion, von Iris Berben über Thomas Kretschmann und Till Brönner bis hin zu Clemens Schick – allesamt hübsch angezogen, keine Frage, aber auch nicht so, dass einem in, sagen wir mal München oder Castrop-Rauxel schwindelig werden würde in Anbetracht dieses Glanzes. Aber die Lust am Feiern, am An- und Ausziehen steckte an – und solange es amüsant ist, machen die Berliner bei allem mit. Es war eine Art Revolution

Moon Suk

von außen – langsam, aber sicher infiltrierten die vielen Zugereisten das Modegefühl der Berliner, mischten platte Mode mit coolem Stil und schlechten Stil mit guter Mode, gegen alle VOGUES, alle InStyles, gegen alle Kleiderregeln der Bourgeoisie. Der Berlin-Mitte-Stil hat sich durchgesetzt: Die amerikanische VOGUE ist voller Rollkragen zum Paillettenrock, Worker-Boots zum Rüschen-Fähnchen, abgeschabter Lederjacken zur Nadelstreifenhose. Ob dieser Neo-Grunge wirklich aus Berlin kommt oder von der globalen Wirtschaftskrise, sei mal dahin gestellt. Auf jeden Fall ist Berlin ein Eldorado für Modestylisten, wie früher mal London – auf das, was man in Berlin auf Straßen und Events sieht, kommt in Moderedaktionen kein Mensch. Es geht hier weniger um Hüllen, als um Laune, Leichtsinn und Persönlichkeit, und davon hat der Berliner wirklich mehr als genug. Berlin hat gewonnen.

Anna Maria Mühe
bei Valentino

Ansichten eines Zugezogenen
Ulf Poschardt

Das deutsche Bildungsbürgertum hat sich vom Stil verabschiedet. Zum Beispiel Silvester in der Staatsoper Unter den Linden: Wer gehofft hatte, direkt Unter den Linden, zudem in der Oper, ein wenig Glanz in der egalitärsten aller egalitären Weltstädte zu erhalten, wird nicht enttäuscht, sondern verhöhnt. Bis auf französische, englische und japanische Familien und Paare zeigt sich Berlin von seiner trostlosen Seite.

Früh verhärmte Frauen in Jeans ohne Po-Taschen, passende Männer dazu in absurden Western-Hemden, Schuhe aus den siebziger Jahren, kombiniert mit Lederschläuchen aus den Achtzigern, knallbunte Brillen und Fliegen und kaum eine Frisur, die nicht an den Look der West-Berliner Fernsehserie „Drei Damen vom Grill" oder an die Kommissare von DDR-Krimis erinnert. Es wird gegähnt ohne sich die Hand vor den Mund zu halten, in der Nase gebohrt, geschmatzt und geschlurft.

Damit nicht genug. Die einzige Dame, die seit früher Jugend ihr Geld in der Modewelt verdient hat, in einem wunderschönen Kleid von Matthew Williamson steckt und in High Heels von Dior, wird belächelt oder schockiert als Spielverderberin des modischen Stumpfsinns zur Kenntnis genommen. Sie wird zur Außenseiterin erklärt – vom Mob der Föhnfrisuren und Buntstrümpfe. Sie sind die Mehrheit, und sie bestehen darauf, nichts zu lernen. Berlin ist ein Musterbeispiel für die Fassungslosigkeit, die droht, wenn Stil von Menschen geprägt wird, die dazu durch Sozialisation, Bildung und Haltung keinerlei Kompetenz oder gar Leidenschaft besitzen. Es fehlen Schulen und Internate, Universitäten und Kirchen, Rudervereine und Arbeiterklubs, in denen die Kleiderordnung eine Identität stiftende Qualität abseits des Funktionalen vorgibt.

Doch die Lieblichkeit täuscht. In Kindergärten und Vorschulen, Grund- und Realschulen, Gymnasien und Musikschulen geben einige – logischerweise nicht alle! – Frauen den Ton an. Dort wird Kindern beigebracht, dass „oberflächlich" ein Schimpfwort ist und Luxus eine Sünde. In einer ranzigen Mischung aus Verbitterung über die eigene Existenz, übellaunigem Protestantismus und einem von Sozialneid dominierten Linkssein.

Die Stillosigkeit der gebildeten Mittelschicht ist Kainsmal mangelnden gesellschaftlichen Ehrgeizes sowie einer Verachtung der Öffentlichkeit gegenüber. Es ist eine Wurschtigkeit, die als Neobiedermeier die Abkehr jener Mitverantwortung für die Zivilisiertheit des öffentlichen Raumes bedeutet. Stil ist keine Geldfrage, es ist eine Frage von Haltung und Wissen – und einem authentischen Charme, der seine Form findet. Wer Formwillen zum Luxus erklärt, verkennt die Realitäten – auch in einer Stadt wie Berlin. Es gibt weltstädtischen Stil, aber den haben eher die Autonomen und Islamisten in Kreuzberg, die Libanesen im Wedding oder die exsozialistischen B-Boys von Mitte.

Das im eigentlichen Wortsinne „Ungebildete" der Mittelschicht ist eine unverzeihliche Schlamperei. Noch nie hatten die gebildete Mittelschicht und ihre Kinder so hervorragende Chancen.
Gerade in Berlin.

Zurück zu den Wurzeln
Wolfgang Joop

„Hast Dir wohl verkleidet, hab Dir aber doch erkannt" rief mir die alte Frau auf dem Potsdamer Markt zu, wo ich in einer alten Army-Jacke mit Rucksack bewaffnet, einkaufte. Der Tonfall, die zärtliche „Respektlosigkeit" der Bewohner rund um und in Berlin, sagt mir, ich bin zu Hause. Bin angekommen nach langer, selbstverordneter Heimatlosigkeit. Pathos und korrekte Grammatik („det passt auf dir, nich auf mir") liegen den echten und falschen Preußen ebenso wenig wie falsches Getue, tiefes Beeindrucktsein, „großes Gefühl". Man ist wach und schnell und das „Neue" bekommt gleich seinen Namen weg und gehört damit zum Allgemeingut. Bauten, Promis und Politiker kriegen einen Spitznamen und damit eine treffende Charakterisierung. This is not Germany – dit is Berlin!

Fühle ich diese Unruhe, die in Fernweh oder Reiselust endet, sind es nicht ferne Kontinente, die mich locken. Viel eher ist es die unhomogene Mischung aus Fremdartigkeit und Vertrautheit, die ich in Städten wie Berlin und Potsdam finde, durchpulst von einem neuen, kosmopolitischen, neugierigen, widersprüchlichen und individualistischen Geist. Es mischt und berührt sich alles. Der Rest von Deutschland, das große Vaterland, bleibt mir auf weiten Strecken fremd. Doch Berlin, die alte Schlampe, jetzt im neuen Staatsgewand, das ihr noch nicht richtig steht, war mir immer vertraut. Exotisch glitzernd für mich als kleiner Junge, der die Inselstadt staunend besuchte. Unweit nur lag sie von meiner Heimatstadt entfernt, von Potsdam, der kleinen, preußischen Schwester, die wörtlich im Schatten der großen lag.

Verließ ich später meine kleine Stadt und fuhr in die große, dann um meinesgleichen in der „Paris Bar" zu treffen, Fantasten, Visionäre, Macher und Poeten, die Sperrstunden und Wehmütigkeiten ignorierten, dann gab es immerlange Morgenstunden oder andere Dämmerungen, die man gemeinsam beschworen und genossen hatte. Das alles war einmal, und lohnt doch nicht die Wiederholung, noch das Trauern um die „temps perdu". Die Morgenstunden haben sich verändert.

Keiner von uns hatte je daran gedacht, dass dieses Berlin von Bayern, Rheinländern und sogar Schwaben gesponsort wurde, und obendrein einmal komplett entschuldet werden sollte. Berlin hatte gelernt, als Fettauge obendrauf zu schwimmen. Wir fühlten uns isoliert in „splendid isolation". Ein Daseinsgefühl, das Berlin schon früher Oberschichtlern, die aber allesamt aus vielen Gründen schon damals „Prekäre" waren, versprochen hatte. In allen Himmelsrichtungen war Osten.

Und heute? Hat man das Privileg, eine große Vergangenheit und ein Stück Zukunft obendrein zu haben, sollte man über lästige Nebenwirkungen des Gesamtprozesses schweigen.

„Luxus now" bedeutet, wie unsere Väter im Krieg nicht an Morgen zu denken, wo alles aus sein könnte, sondern im Jetzt alles zu geben.

Linke Seite:
Franziska Knuppe
und Wolfgang Joop

Stadtgeflüster

Ein rotes Stück Himmel
Tita von Hardenberg

Ich kam, dank des beruflichen Umfeldes meiner Mutter, schon früh mit roten Teppichen in Verbindung. Sie gehören einfach zu einer gelungenen Veranstaltung dazu. Egal ob es sich um eine Boutiqueeröffnung oder einen Tom Cruise Besuch handelt, der rote Teppich variiert allenfalls in der Länge und ist schon deswegen unverzichtbar, weil ihn viele Gäste weit wichtiger finden, als die Veranstaltung, zu der er führt. Für sie endet die Party, wenn der rote Teppich abgeschritten ist und deswegen lassen einige nichts unversucht, um den Auftritt vor den Fotografen so lange es irgend geht in die Länge zu ziehen.

In den harten Jahren, als ich mein Geld noch als Veranstaltungshostess auf den Events meiner Mutter verdiente, indem ich mit unzureichenden

Linke Seite:
Barbara Schöneberger

Outfits bekleidet am Eingang in der Kälte herumstand, hatte ich reichlich Gelegenheit, die unterschiedlichen Taktiken der Teppichverweiler zu studieren.

Wer ganz sicher gehen will, dass er erstens erkannt – und zweitens ausgiebig fotografiert wird, kommt bereits zehn Minuten vor Veranstaltungsbeginn. Die Fotografen haben dann schon Position bezogen und fotografieren vor lauter Langeweile alles, was sich bewegt. Der frühe Zeitpunkt hat außerdem den Vorteil, dass keine Nachdrängenden oder echte Prominente das Beisammensein mit den Fotojournalisten stören. Und es gibt noch keine Zeugen, wenn die Abgelichteten anschließend dienstbeflissen ihre Visitenkarten an die Fotografen verteilen.

Auch sonst sinkt die Schamgrenze ins Bodenlose, wenn es darum geht, die Blitzlichtzeit auszudehnen. Der vorgetäuschte Unterschenkelkrampf gehört noch zu den harmloseren Methoden, die ich erlebt habe. Einige stellen sich nach absolviertem Parcours wieder hinten an, um die Fotografenreihe ein zweites Mal abzuschreiten. Das Seltsame dabei ist, dass die Fotografen es nie zu merken scheinen und das gleiche Theater machen wie Minuten zuvor.

Überhaupt genießen die Berliner Fotografen nicht den besten Ruf. Das liegt an ihrer ausgesprochenen „Brüllfreudigkeit". Sobald ein halbwegs bekannter Zeitgenosse den roten Teppich betritt, wird er begrüßt, als handele es sich um das lang vermisste einzige Kind. Immer mit Vor- oder Spitznamen, versteht sich. „Veroooooona!" „Heiiiiike!" „Woowi!" Die einzige Ausnahme bildet meine Mutter. Bei ihr brüllen die Fotografen „Grääääfin". Wie sie das geschafft hat, bleibt ihr Geheimnis.

Ich werde nie den Moment vergessen, als das erste Mal einer „Tita" brüllte. „Jetzt habe ich es geschafft", dachte ich glückselig, „ich bin berühmt." Die Euphorie legte sich mit der Erkenntnis, dass nicht jedes Foto, das am roten Teppich geschossen wird, es auch in die Zeitung schafft. Auch nicht jedes Hundertste. Ich musste lernen, dass man meistens überhaupt nur in die Zeitung kommt, wenn irgendetwas schief gelaufen ist, wie an dem Abend, als ich das gleiche Kleid wie Nadja Auermann anhatte, nur drei Nummern größer.

Meist wird der brutale Bruch zwischen Schein und Realität aber schon viel schneller spürbar, nämlich bereits am Ende des roten Teppichs. Wenn sich die Fotografen dem Nächsten zuwenden und der eben Umjubelte noch ganz geblendet von den Blitzlichtern in eine Ansammlung völlig gleichgültiger Rücken hineinläuft. Spätestens da reift die Erkenntnis, dass ein Blitzlicht noch keinen Star macht. Aber dieser kleine Wermutstropfen hat die Popularität des roten Teppichs nie ernsthaft beschädigt. Er ist und bleibt die fast perfekte Illusion von Ruhm, der Himmel auf Erden oder zumindest das erstaunlichste Stück Stoff der Welt.

Tita von Hardenberg

Ein Tag als Berlinale Direktor
Dieter Kosslick

Ausgerechnet ist dieser Freitag, der letzte Tag vor der Verleihung des Goldenen Bären, der 13. Februar. Erschöpft von einer fast zehntägigen Marathon-Berlinale wache ich schon um sechs Uhr an diesem noch grauen Berlinale-Morgen auf.

Spät ist es geworden gestern Nacht, aber schön war es auch: Die rührende Verleihung des Ehrenbären an Maurice Jarre für sein Lebenswerk im Kino International, wo wir Lawrence von Arabien in voller viereinhalb Stunden Länge und im 70mm Format zeigen. Maurice hat die unvergessliche Musik komponiert.
Anschließend noch ins Kulinarische Kino mit Stephen Frears, dessen schwere Erkältung mit einem heftigen Festivalcocktail aus Aspirin und süddeutschem Obstler bekämpft wurde. Voller Nachtgedanken lasse ich mir die verspannten Schultern wieder fit massieren. Der letzte Programmtag soll entspannt ablaufen: Heute sind die Teams von Deutschland 09, Inspektor Steve Martin mit Jean Reno und der Pink Panther, und zum nächtlichen Abschluss Andrzej Wajdas Tatarak auf dem roten Teppich.

Aber erst einmal gibt es zwei Geburtstagswünsche und Blumen an meine Kollegin Anne und die immer jugendlicher werdende Helene Schwarz, die Grande Dame der DFFB und Freundin vieler Filmemacher.

Meine Assistentin Juliane, die mich schon seit fast zehn Tagen durch den Festival-Dschungel manövriert, holt mich zu den ersten Terminen ab: Telefon-Interviews, Pressegespräche und tolle Fragen wie „mein schönstes Erlebnis der Woche" wollen beantwortet werden.

Dann großes Hallo im VIP-Raum im Hyatt mit dem Riesenfilme Team von Deutschland 09 und Spielführer Tom Tykwer, der vor über einer Woche diese Berlinale mit The International eröffnet hat. Anschließend auf einen Sprung ins Kulinarische Kino, wo Sterneköche mit Schulkindern kochen. Zum Nachtisch gibt es Ananas mit warmer Schokoladensoße. Schmeckt gut so gegen halb elf Uhr morgens.

Dann kommt schon der Pink Panther. Steve Martin spielt auf seinem Banjo, Jean Reno leiht sich meinen schwarzen Direktoren-Hut. Heiße Stimmung wird für den rosa Teppich geprobt. Es wird die Nacht zum Valentinstag werden. Dann ab ins Rote Rathaus und Eintrag in das Goldene Buch. Klaus Wowereit ist gut gelaunt an diesem Tag. Dann geht's ruck-zuck in die Zielgerade: Empfang der Kulturzeit mit ZDF-Intendant Markus Schächter, ein Berlinale Freund, mit Andrzej Wajda im VIP-Raum, Pressekonferenz, sein Film ist sehr gut angekommen. Er weiß noch nicht, dass er morgen dafür einen Preis entgegennehmen darf. Dann schnell umziehen: Weltpremiere von Hilde im ausverkauften Friedrichstadtpalast, kurze Tischrede im abendlichen Dining Club im Kaisersaal des Sony Centers und schnell rüber ins Haus der Kulturen der Welt, Teddyparty, tolle Stimmung. Und dann mit Willem Dafoe zur Vanity Fair Party, um zwei Uhr morgens ins Bett. Von Bären träumen. Morgen gibt es Goldene.

Dieter Kosslick mit Catherine Deneuve, Eva Mendes und Jude Law

Filmstadt Berlin
Wolf Bauer

Die deutsche Hauptstadtregion inspiriert – auch uns Film- und Fernsehmacher. In Berlin trifft sich traditionelle Hochkultur und weltoffenes Szeneleben, wechselvolle Geschichte und Modernität auf eine in Deutschland unvergleichliche Weise.

Die Atmosphäre des Aufbruchs und der Toleranz lockt Künstler und Kreative aus der ganzen Welt in die Region, um hier zu leben und zu arbeiten. Nicht wenige davon haben mit Film zu tun und wir stehen in regem Austausch mit ihnen.

Heute, knapp 20 Jahre nach dem Mauerfall, hat sich Berlin und das angrenzende Potsdam zum führenden Film- und TV-Standort Deutschlands entwickelt: Ein Viertel der deutschen Fernsehproduktionen wird hier realisiert und internationale Kino-Großproduktionen, wie die Verfilmung von Bernhard Schlinks Roman „Der Vorleser" oder Quentin Tarantinos „Inglorious Basterds", entstanden hier. 437 Leinwände in 161 Kinobetrieben zeigen, dass die Berliner begeisterte Kinogänger sind. Und ein Viertel aller Beschäftigten der deutschen Filmproduktion sind in der Region tätig. Nicht zuletzt die kreative Kraft des Kinos, die aus diesen Zahlen spricht, bewog uns 2008 mit der Gründung der UFA Cinema wieder in größerem Umfang in die Kinoproduktion einzusteigen.

Historisch betrachtet ist diese starke Stellung der Filmwirtschaft in Berlin nur logisch: Denn die Wiege des Films steht in Berlin. Hier fand 1895 im Varieté Wintergarten die erste öffentliche Filmvorführung Europas statt. 1911 wurde das Filmstudio in Potsdam-Babelsberg eröffnet, und 1917 mit der UFA das erste große deutsche Filmunternehmen gegründet. Ernst Lubitsch, Friedrich Wilhelm Murnau, Fritz Lang und Erich Pommer ließen hier die UFA zur kreativsten Filmwerkstatt Europas werden.

Aber es gibt auch andere Gründe für die Bedeutung der Filmwirtschaft in der Region: Nirgendwo sonst in Deutschland finden sich vielseitigere und unverbrauchtere Drehorte und Sets. Dies gilt für Berlin wie für sein Umland. Die deutsche Realität tritt überdies in Berlin-Brandenburg besonders deutlich zutage, offenbar ein guter Nährboden für Filmstoffe, ebenso wie die zahlreichen dramatischen historischen Ereignisse, die Berlin erlebte oder die von der Stadt ausgingen.

Die lebendige Branche prägt natürlich – wie könnte es anders sein – auch das gesellschaftliche Leben der Region. Hollywood feiert hier seine großen Europa- und Deutschlandpremieren beinahe im Wochenrhythmus, wie

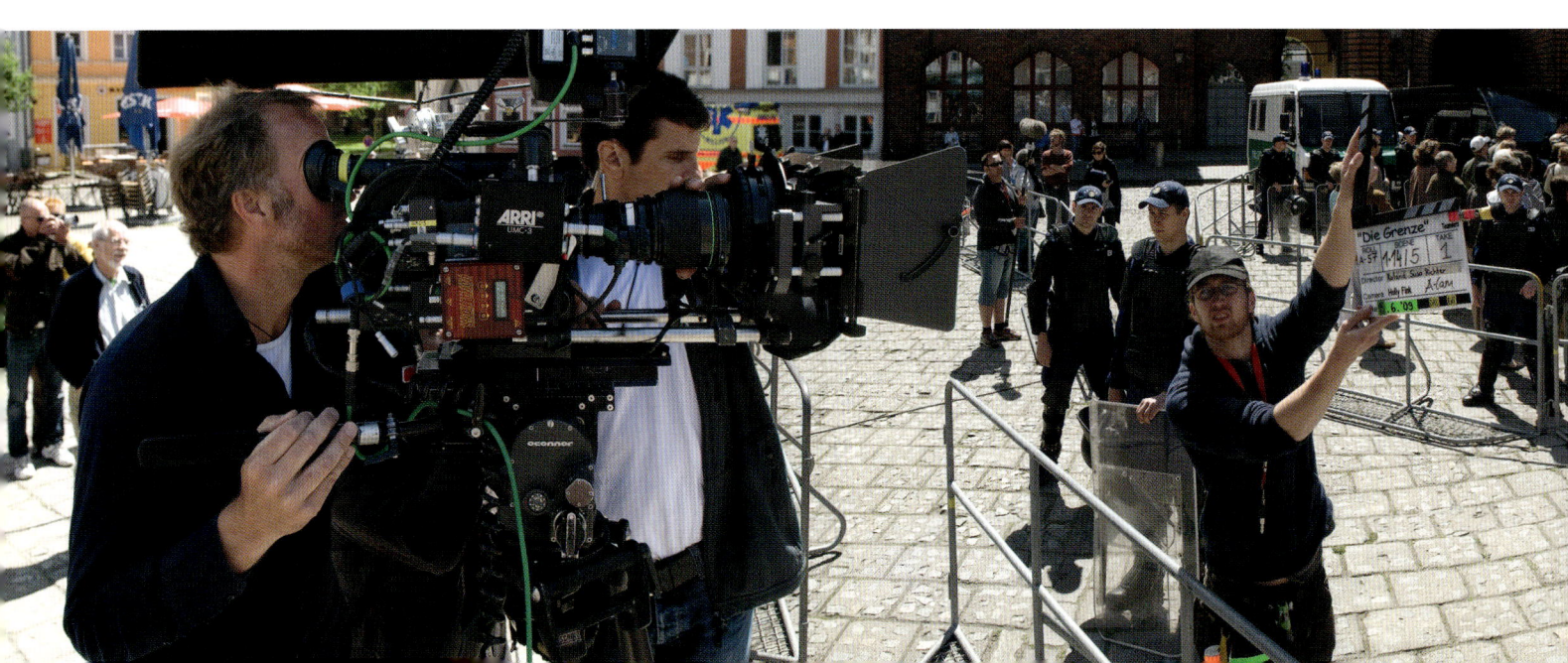

die hiesigen Filmemacher ihre Kinostarts oder großen TV-Events. Die Goldene Kamera wird in Berlin vergeben, das Bambi im Jahr 2009 in Potsdam.

Die im Februar stattfindende Berlinale ist neben Cannes und Venedig eines der wichtigsten Filmfestspiele und das größte Publikumsfestival weltweit. Dieter Kosslick hat die Berlinale zum Treffpunkt der internationalen Stars und zu einem der zentralen Marktplätze der Kinobranche gemacht. Berlin ist Sitz der Filmakademie, hier veranstaltet die Akademie jährlich das wichtigste Fest der Branche: Die Verleihung des Deutschen Filmpreises. Mit dem First Steps Award, der jährlich am Potsdamer Platz vergeben wird, schaffen wir überdies dem Filmnachwuchs eine glamouröse Plattform, auf der er sich erstmalig präsentieren kann.

Kurz: Berlin inspiriert uns Film- und TV-Produzenten, die Branche gibt der Region aber auch viel zurück – künstlerisch, wirtschaftlich und gesellschaftlich.

Dreharbeiten zu der UFA Produktion „Die Gustloff"

Am Set von „Die Grenze"

Die Partyeinschleicher
Patrizia Schueler

"In the Future, everyone will be famous for 15 minutes."
(Andy Warhol, 1968)

„Dabei sein ist alles", so denkt sich der Partyeinschleicher und wird zur lästigen Fliege eines jeden Gastgebers. Geht es dem harmlosen Schleicher noch artig um ein Glas Champagner und Kaviarhäppchen „for free", so geht es bei den Profi-Einschleichern schon um sehr viel mehr: Die Zugehörigkeit zur Society!

Wo Glanz und Glamour zu Gast sind, trifft man auch auf Menschen, die so gar nicht in diese Welt passen. Das Phänomen der Party-Parasiten nahm in Berlin Anfang der 90er Jahre mit dem inflationären Event-Aufkommen drastisch zu. Fast täglich wurden neue Hauptstadt-dependancen, Bürohäuser, Hotels oder Botschaften eröffnet. Die alte Berliner Gesellschaft vermischte sich mit der neuen. Das perfekt geregelte Chaos. Niemand kannte die Neuen, die Neuen kannten die Alten nicht. Ideale Einschleicher-Bedingungen!

In dieser Zeit bemerkte ich erstmals ein seltsames Pärchen. Er: dunkelhaarig, Schnauzer, etwas untersetzt, Typ Autoverkäufer. Sie: verhuscht, meist in schlecht sitzenden, bunten Kostümchen, Typ einfache Kosmetikerin. Ich nenne sie mal Hans und Gitta Schleicher.

Erstmals fiel er mir an einem heißen Mai-Tag vor dem VIP-Bereich der „German Open" im Grunewald auf. Designerin Sandra Pabst hatte zu Champagner und Erdbeertörtchen geladen. Herr Schleicher diskutierte mit einer jungen Hostess, sagte eindringlich: „Ich bin Generalmajor. Ich gehöre dazu..." Frau Pabst begrüßte ihre Gäste persönlich und bestätigte der Hostess, dass der Herr nicht eingeladen sein könne. Wie auch, es handelte sich um eine Einladung zu einem „Ladies Lunch".

Wenige Wochen später fiel ein gutmütiger junger Mann im Grand Hotel Esplanade am Gäste-Counter bei einem der ersten „Medientreffs" von Manfred Schmidt auf Herrn Schleicher herein. Schnell verwickelte er die anwesenden VIPs in Gespräche. Einem Herren erklärte er: „Ich bin der Chauffeur vom Regierenden Bürgermeister Eberhard Diepgen." Dummerweise war der Gesprächspartner Diepgens persönlicher Referent. Daraufhin durfte Herr Schleicher umgehend das Fest verlassen.

Einige Zeit später entdeckte ich das Paar vor

dem Theater des Westens, sie in einem schlechten Haute Couture-Plagiat, er im Smoking. RTL verlieh die „Goldenen Löwen". Während Herr Schleicher den Wagen parkte, sprach sie eine Hostess an: „Ich weiß, es ist noch kein Einlass, aber ich müsste mal ganz dringend das Örtchen aufsuchen, wäre das möglich?" Die Hostess gewährte ihr den Zugang, wenige Minuten später strömten gut 800 Menschen in das Theater. Frau Schleicher war drin und vergessen. Ihr Gatte passierte den Einlass mit den Worten: „Meine Frau hat meine Karte und ist schon im Theater. Ich habe das Auto geparkt."
Die Geschichte darüber in BILD schlug Wellen. Frau Schleicher, die sich als Heilpraktikerin ausgab, tauchte eines Tages in meinem Büro im Axel Springer Verlag auf. Wie sie Zugang fand, konnte mir die Sicherheit am Empfang später nicht erklären. Im Arm trug sie einen Schuhkarton voll mit Autogrammkarten und Fotos. Sie beschwerte sich über den Artikel und wollte mir nun mit diesen Gefälligkeitsfotos und abgegriffenen Autogrammkärtchen beweisen, dass sie sehr wohl zur Gesellschaft gehöre.
Wenige Monate später las ich, dass Herr Schleicher wegen Amtsanmaßung zu einer empfindlichen Geldstrafe verurteilt worden war.
Ihre Meisterleistung lieferten die Schleichers dann auf dem Bertelsmann Sommerfest Unter den Linden: Da die Bundeskanzlerin erwartet wurde, herrschte höchste Sicherheitsstufe. Alle Gäste mussten sich mit Ausweis und vollständiger Adresse akkreditieren.
Am Gäste-Counter entdeckte ich Grünen-Politiker Reinhard Bütikofer. An seinem Arm hing' Frau Schleicher! Ich hörte, wie er zu ihr sagte: „Sie haben ja Ihre Karte!?" Frau Schleicher lächelte, statt zu antworten. Eine Hostess begrüßte Bütikofer und stellte fragend fest: „Sie sind in Begleitung?" Bütikofer antwortete nicht und versuchte die Dame an seinem Arm unauffällig abzuschütteln. Als beide den Einlass passiert hatten, ließ Gitta Schleicher endlich Bütikofer los und tauchte in der Menge ab.
Diese Anekdote konnte ich den BILD-Lesern nicht vorenthalten. Prompt strengten die Schleichers eine Strafanzeige gegen mich an. Es kam zum Prozess, zu dem selbst Herr Bütikofer als Zeuge geladen wurde. Dabei klärte sich die Frage, wie Frau Schleicher überhaupt an den Arm des Politikers gekommen war. Herr Bütikofer erzählte, die ihm völlig unbekannten Schleichers erst kurz zuvor auf einem Diplomatenempfang zufällig getroffen zu haben. Schleicher habe ihn gebeten, doch seine Frau im Taxi mit zu Bertelsmann zu nehmen. Bütikofer fand das zwar befremdlich, wollte aber nicht unhöflich sein... Schleichers verloren den Prozess. Doch ich ahne, es wird ein Wiedersehen geben – wo auch immer...

NACHTRAG: Ein englischer Gatecrasher soll es gar bis auf die legendäre Gartenparty der Queen geschafft haben. Der Gästelisten-Gauner hat mittlerweile ein Buch herausgegeben, in dem Tipps stehen wie:

CHAMPAGNERGLAS MITBRINGEN: Bringen Sie ein Champagnerglas von zu Hause mit und tragen Sie einen perfekten Smoking oder Anzug. Die Ausrede: "Ich war nur einmal telefonieren. Meine Frau wartet mit den Eintrittskarten bereits drinnen."
GÄSTELISTE: Murmeln Sie beim Einlasspersonal einen unverständlichen Namen. Bieten Sie Ihre Hilfe an und suchen gemeinsam einen ähnlich klingenden Namen. Ach, da steht er ja!
ROTER TEPPICH: Ein großer Gästestrom VIPs kommt in Limousinen an. Mischen Sie sich unter die Eingeladenen und beginnen eine Konversation. Meist werden die VIPs durchgewunken.

ACHTUNG: Selbstverständlich sind diese Tipps nicht zum Nachahmen empfohlen. Denn eines ist sicher: nichts ist peinlicher als von der Security hinausbugsiert zu werden.

Der Wohlfühlfaktor
Jo Groebel

Eindeutig attraktiv ist die Atmosphäre, die bei den gesellschaftlichen Ereignissen der Stadt die Hostessen fast immer mit zu verbreiten wissen. Irgendwo zwischen soldatischer Disziplin und entwaffnender Individualität schaffen sie dem Gast beim Betreten des in der Regel roten Teppichs sofort ein Wohlgefühl. Das hatte er sich in der Mischung aus Lampenfieber und Vorfreude erhofft. Die Empfangs- und Betreuungsdamen sind der erste Eindruck, der entscheidend den Verlauf des Abends bestimmt. Charme, Manieren und, ja, auch Aussehen lassen, da nie aufdringlich, selbst die eifersüchtigste Begleiterin dahin schmelzen. Den männlichen Gast sowieso. In der Theorie.

In der Praxis bleiben dem aufmerksamen Beobachter die hektischen Flecken, die schnelle Rückversicherung bei der Chefin, das manchmal Schnippische nicht verborgen, wenn fast alle Gäste auf einen Schlag eintreffen. Oder es wieder mal den hanseatischen Partycrasher abzuwehren gilt. Oder sich ein wichtiger oder sich selbst wichtig nehmender Leider-Gast aufspielt und alle Manieren fahren lässt. Oder ein kleines Malheur als großes Drama, wie die krachenden Nähte des Abendkleids, des schnellen Noteinsatzes bedarf. In der hohen Schule des Hostessenwesens gilt es gar, die Tretminen zu erkennen und aus dem Wege zu räumen, die zwischen erbitterten Unternehmenskonkurrenten oder Ex- und Jetzt-

Partnern jederzeit – zum Ergötzen anderer Besucher, nicht aber der Gastgeber – explodieren können. Die Hostess als Diplomatin. Anders gesprochen, die drei teuflischen Gast-A's, Alkohol, Arroganz und Anzüglichkeit, dürfen nicht dazu verführen, ihn mit einem weiteren A zu assoziieren. Da hilft das Z von Zen.

A wie atmosphärisch fühlt man sich jedenfalls bei den Isa-von-Hardenberg'schen Festen, durchaus wohl. Dazu gehört das wärmende Gefühl, wirklich herzlich willkommen zu sein. Und eben auch die Wechselbeziehung zwischen Gastgebern, Gästen und den Brückenbauerinnen, die die Hostessen sind. Manch eine von ihnen mag sich die Brücke als eine zum Künftigen, bestenfalls zum König erträumen, selbst zum König im wörtlichen Sinne. Da schwingt seit vielen Jahrzehnten immer noch das denkwürdige Ereignis aus den siebziger Jahren nach, als der Schwedenmonarch eine deutsche Hostess zur Gemahlin erkor.

Nichts gegen das erregende Leben am skandinavischen Hofe, aber Königin Silvia, die Mutter aller Hostessen, dürfte nicht mehr unbedingt die Schutzpatronin der Berliner Hostess sein. Irgendwie schätzt man diese jetzt eher als eigenständige, später (und bereits) beruflich erfolgreiche Frauen, die ihren Traum nicht nur und nicht mal in erster Linie im richtigen Mann sehen. Dafür spricht ihre Ausbildung, gestern, heute, morgen. Abi, Studium, Topetage. Zum Glück nicht nur uniformiert als Erfolgs-Jung-Frau aus gutem Hause, Faltenrock, Flachschuh, Perlenbluse. Nein, auch schon mal gewandet in fernöstliche Seide. Auf phänomenale Weise trotzdem nie erotisch zuviel versprechend. Allenfalls unterschwellig kokett. Wesen zwischen Schwester, betreuend, und Schwester, familiär.

Ich gestehe, schwer würde mir fallen, das in Berlin notwendig Demokratische der Gesellschaft als Hostess durchzuhalten. Wenn die Promischnepfe ohne Leistung, jedenfalls keine der Öffentlichkeit zugängliche, anmaßend 'nen Stau auf dem Teppich schafft, um künstliche Reize Blitzlichtgewittern auszusetzen. Und der bedeutende Weltbeweger zugleich unbeachtet weggeschubst wird. Oder der Entscheiderflegel aus Politik und Wirtschaft die Angetraute blöd stehen lässt. Die Brave trägt's mit Fassung. Die Hostessen überspielen es lächelnd und retten Reputation und Situation. Ihm wünschte man 'ne Hostessenschulung. Die dürfen's nicht sagen, ich sehr wohl.

Multi-kultig
Christine Bücken

*K*arneval der Kulturen, Kaminers Russendisko und nachts um 4 Uhr einen Döner. Das Berlin-Gefühl ist multikulturell und auch die Events werden mitunter zu interkulturellen Erlebnissen.

1001 Nacht – Empfang für den Scheich

Es war 9 Uhr und ich stand im Stau am Kurfürstendamm. Für 10 Uhr hatte sich bei uns im Büro ein Gesandter des Scheichs eines arabischen Emirates angekündigt, um einen eleganten Empfang in der Botschaft anlässlich der Touristikmesse ITB Berlin zu besprechen. Ich wollte den Gesandten mit frischen französischen Croissants überraschen, die ihn als europäische Köstlichkeit erfreuen sollten, allerdings in Wahrheit von dem wunderbaren türkischen Bäcker aus Schöneberg, Kadakal, bezogen werden. Endlich im Büro angekommen, war der Kunde begeistert – wie aufmerksam, „très français". Wir erhielten den Auftrag, den Empfang mit einer Top-Gästeliste auszurichten. Nun mussten wir zuerst die uns nicht bekannten Botschaftsräume in der Tiergartenstraße besichtigen. Der Einlass war ein wenig befremdlich: Schwer bewaffnete arabische Sicherheitsleute redeten laut durcheinander und musterten uns mit finsterer Miene. Es wurde auf arabisch ins Telefon gerufen, gestikuliert, unsere Taschen langwierig durchsucht. Doch drinnen waren wir wie verzaubert von den großzügigen, wunderschönen Räumen, bunten Ornamenten und Palmen: eine Welt wie aus 1001 Nacht.

Wir begannen mit den konkreten Planungen und stellten uns die eleganten Damen der Gesellschaft vor, wie sie anmutig durch die Räume schritten, ein Glas mit edlem Champagner in der Hand. HALT! Denkfehler. Natürlich war kein Tröpfchen Alkohol erlaubt. Ein kleiner Champagnerpavillon im Garten? Ts-ts-ts! Das wäre ein Affront ohnegleichen.

Dafür wollten die Scheichs eine hypermoderne Lasershow, eine original arabische Tanztruppe, landestypische Hintergrundmusik und ein deftiges Büfett. Kein Schweinefleisch, dafür viele Salate und Humus. Alles machbar, aber vielleicht etwas gewöhnungsbedürftig für die verwöhnte, deutsche Gesellschaft.

Der Abend begann, die ersten handverlesenen Gäste trafen vor dem Eingang der Botschaft ein. Normalerweise bieten wir jedem Kunden an, die Einlasssituation durch Hostessen zu vereinfachen. Hier wurde dies allerdings an-

ders geregelt. Die uns nun schon bekannten, schwarz gekleideten und schwer bewaffneten Security-Männer waren dafür zuständig.

So warteten an rote Teppiche gewöhnte Prominente wie Sabine Christiansen, Alexandra Oetker und viele andere vor dem Pförtnerhäuschen und schauten leicht irritiert. Gab es etwa keinen roten Teppich? Wo waren die charmanten Mädels mit den Listen? Stattdessen wurden die eleganten Handtaschen mit strengem Blick durchforstet.
Dann, im Foyer der Botschaft, wurde den Gästen prompt ein klebrig-süßes Sirupgetränk gereicht. Am Büfett reihte sich die ganze Gesellschaft in eine lange Schlange ein – nix da Fingerfood!
Plötzlich der Auftritt der Tanzgruppe, die in weißen Gewändern im Kreis saß und ein nicht mehr enden wollendes Klatschkonzert aufführte. What a Party!
Als Highlight des Abends folgte eine gigantische Lasershow. Die arabischen Gäste raunten Bewunderung, eine Dame der Berliner Gesellschaft murmelte: „Bin ich denn hier in der Großraumdisko in Bielefeld?" Die Stimmung erinnerte stark an das bunte Abendprogramm eines Kluburlaubs in Tunesien. Wir fragten uns besorgt, was aus unserem eleganten Empfang nur geworden war.

Doch den Gastgebern und den Gästen gefiel es. Der klebrige Sirup als Champagnerersatz hob nur teilweise die Stimmung, aber dafür die Gespräche in eine ganz andere Atmosphäre. Ein bekannter Wirtschaftsjournalist flüsterte: „Endlich mal was ganz anderes."

Carola Ferstl mit Ahmald Almansori und Sacf Al Baloushi

Sabine Christiansen mit HH Sheikh Ahmed bin Saeed Al-Maktoum

Die Shaolin Mönche

Kaum war der arabische Zauber verflogen, hielt uns ein anderer, sehr spiritueller Auftrag in Atem. Wir wurden mit der Eröffnungsfeier des Shaolin Tempels Deutschland, dem einzigen Ableger des weltberühmten buddhistischen Mönchsordens in China, beauftragt.

Deren Kampfkunst sowie die Traditionelle Chinesische Medizin sollten mit großem Tamtam Einzug in Berlin halten. Zur Eröffnung sollte eigens seine Heiligkeit aus China anreisen, um den Tempel einzuweihen. Damit die Tempeleröffnung rundum ein Erfolg würde, sollte ein großes Ereignis mit zahlreichen Prominenten und Presse organisiert werden.

Einen Tempel einweihen, wie geht das? Eine derart heilige Angelegenheit gehört nicht gerade zu unserem Tagewerk.

Zunächst einmal mussten wir aus China die riesigen Buddhastatuen, die in Berlin geweiht werden sollten, einfliegen lassen. Bei der Weihezeremonie wird die sogenannte Augenöffnung vorgenommen, die aus den Statuen erst „echte" Buddhas macht. Den Figuren wird dabei durch das Vorhalten eines Spiegels „Leben eingehaucht".

Am Tag des Aufbaus für die Feier sahen wir uns in der 2.000 Quadratmeter großen und sehr kargen Halle mit Industriecharakter um. Schwer vorstellbar, dass dies einmal ein heiliger Tempel werden sollte. Am Nachmittag wurden die über drei Meter hohen Buddhastatuen angeliefert. Zur gleichen Zeit traf das Cateringunternehmen im Hof ein und wollte mit dem Einrichten des Kochbereiches beginnen. Die Caterer waren ungeduldig, schließlich hatten sie frischen Fisch für das asiatische Fingerfood im Gepäck. Der Hauptaufzug war durch die Statuen jedoch noch versperrt... Heilloses Durcheinander drohte.

Doch plötzlich, inmitten der Hektik und dem Krach, stand er da: der Abt! Im langen gelben Gewand, gerade eingeflogen aus China. Vor seinem Flug weilte er noch im friedlich abgelegenen Kloster. Ein Leben in Ruhe, Meditation und kontemplativer Versenkung.

Einen Berliner Cateringmitarbeiter unter Zeitdruck kümmerte das natürlich wenig. Schwupps, rempelte er seine Heiligkeit mit einem voll beladenen Tablett an, bevor wir ihn überhaupt erst einmal willkommen heißen konnten. „Bitte jehn Se mal ausm Weg, ick muss die Sushiteile hier wegkarren."

Spiritualität? Wat isn ditte?

Der Abt und die Hostessen

Der Abt lächelte milde. Doch auch nach der Begrüßung war seiner Heiligkeit wirklich keine Minute Ruhe gegönnt. Schon schoben Technikmitarbeiter ihn in einen anderen Raum. Soundprobe im Saal. „Sorry, Herr, äh, sie da im jelben Kleid, jehn se mal besser hier weg, jetzt gibt es was auf die Ohren."

Wie peinlich! Wir eilten dem Abt hinterher, brachten ihn in einen abgeschotteten Raum, gaben ihm ein Glas Wasser zur Beruhigung und entschuldigten uns. Wir versicherten ihm, dass der Tempel sicherlich sehr schön werde, die Hektik bei solchen Veranstaltungen normal sei. Der Abt wirkte mittlerweile nicht mehr so ganz buddhistisch zufrieden, schwieg aber und meditierte.

Wir fühlten uns plötzlich auch schon ganz Zenmäßig, eingepfercht in diesem abgelegenen Raum mit seiner Heiligkeit, taten scheinbar gelassen, innerlich aber rumorte der Zeitdruck. Schwierig, nicht auf das Handy zu schielen, Dinge zu besprechen oder den Ablaufplan durchzugehen. Doch die Ruhe dauerte nicht lange, ein Kamerateam stürmte ohne jede Vorwarnung in den Raum und auf den Abt zu. Zack. Grelles Licht, Mikrofon vor die Nase und wahnsinnig intelligente Fragen, wie sie die Boulevardsender so lieben: „Herr Mönch, können Sie wirklich einen Stein mit der Hand zerbrechen? Mögen Sie Currywurst? Was halten Sie von der aktuellen Trennung von Maja von Hohenzollern..."

Nun schaute der Abt langsam grimmig drein und kehrte umgehend zurück zu seiner Meditation. Doch wir konnten darauf kaum Rücksicht nehmen, die Zeit raste, nur noch wenige Stunden bis zur Eröffnung.

Die Tische wurden traditionell asiatisch eingedeckt, die Hostessen trugen chinesische Kleider, Orchideen zierten den Saal, die gewaltigen Buddhastatuen standen in voller Pracht und Schönheit auf der Hauptbühne. Die Atmosphäre war festlich wie vor einer Theateraufführung. Im Hauptsaal waren die asiatischen Speisen angerichtet, ein letzter Rundgang mit dem Abt und Gräfin Hardenberg, gefolgt vom Fernsehteam, an das sich seine Heiligkeit mittlerweile gewöhnt hatte. Doch plötzlich wurde er sehr unwirsch und sprach gleichzeitig auf Chinesisch und Englisch. Nach einiger Zeit verstanden wir dann.

Die Buddhastatuen müssten unverzüglich verhangen werden! Die Statuen dürften ungeweiht kein Essen sehen! Ein Tempel sei ein religiöser Ort, es geziemt sich nicht, vor den Augen Buddhas zu essen!

Dabei sollte für unsere Gäste ja gerade der Anblick der riesigen Buddhastatuen das Highlight des Abends sein. In Windeseile organisierten wir eine Technikfirma, die aber auf die Schnelle nur noch braunen Sackleinen liefern konnte. Die Statuen wurden also mit diesem verhangen und die erhabenen Heiligen sahen nun leider wie traurige Sackmonster aus.
Aber schon erschienen die ersten Gäste in freudiger Erwartung auf ein außergewöhnliches Erlebnis. Die Gesellschaft aufgehübscht in asiatischer Seide und Hochsteckfrisur. Man posierte mit dem Abt und labte sich an Lychee-Kumquat-Salat oder Tom-Yum-Suppen. Die Gäste waren zwar überrascht, dass die schönen

Buddhastatuen verhängt waren, wurden aber durch die beeindruckende Aufführung der kleinen Shaolin Mönche entschädigt. Der ein „kleines Äffchen" imitierende Mönch eroberte die Herzen...

Die Stimmung war auf dem Höhepunkt, die verwöhnte Berliner Partymeute verlangte nun nach „Tanz". Das nächste Problem. Fete war für den „heiligen Tempel" sehr unüblich. Eigentlich ein No-Go, aber wir hatten in weiser Voraussicht einen Partyraum vorgesehen. Und um „beide Welten" friedlich zu vereinigen und weder die Mönche noch die verwöhnte Gesellschaft zu brüskieren, spielte ein DJ gedämpfte Hintergrundmusik, steigerte sich dann aber später doch in groovige Tanzmusik. Etwas ängstlich beobachteten wir seine Heiligkeit. Wie würde er auf die ausgelassene Partystimmung reagieren? Wo war er überhaupt?
Da sahen wir ihn, entspannt an die Bar gelehnt... Und wippte da nicht ein Fuß unter dem gelben Gewand?

Berlin rockt
Marco Rechenberg

Sonntagmorgen, fünf Uhr, fahles Licht, kurz vor Sonnenaufgang, vielsprachiges Gemurmel. Es sind um die dreihundert Menschen, die auf der Brachfläche vor dem Berliner Berghain auffallend geduldig auf Einlass warten. Das Berghain ist ein riesiger Nachtclub auf drei Etagen, die obere von ihnen bekannt als Panoramabar. Er befindet sich in einem Gebäude im Ostberliner Stadtteil Friedrichshain, ein Heizkraftwerk, das aus irgendeinem Grund nie als solches benutzt wurde. Über zehn Meter hoch sind die Räume. Etwa 1.500 Menschen, Schwule und Heteros in Eintracht, finden Platz auf den Tanzflächen, auf den Betonsofas, in den Fluren, im Darkroom. Kameras sind unerwünscht. Weil das Berghain immer wieder in englischsprachigen Musikzeitschriften zum wichtigsten Club der Welt gewählt wird, reist man auch aus Australien an.

Neben den Wartenden, abgetrennt durch einen Bauzaun, laufen einzelne Menschen, manchmal Gruppen, mit langen Gesichtern in die Gegenrichtung. Sie sind an der Tür gescheitert. Der durch seine Tätowierungen und Piercings im Gesicht so bedrohlich wie den Gästen geneigt wirkende Türsteher Sven Marquardt entscheidet darüber, wem Einlass gewährt wird und wem nicht. Das Ergebnis lässt sich nie vorhersagen. Auch Besuchern, die schon Dutzende Nächte im Berghain verbrachten, ist die Nervosität anzumerken auf den letzten Metern vor der Tür.

Ausgesondert wird, wer offensichtlich betrunken ist – obwohl der Rausch in diesem wie in fast allen Clubs Berlins ein beherrschendes Motiv ist. Touristengruppen haben es schwer – wenngleich Berlins Szene in den letzten Jahren ja gerade durch die Wochenend-Reisenden aus Europa so bereichert wurde. Und Menschen, die zu kontaktbedürftig wirken – auch wenn es ja beim Ausgehen um nichts anderes geht als Kontakt. Kleidung spielt fast keine Rolle, dem Alter sind nach oben keine Grenzen gesetzt, über sozialen Status wird nicht kommuniziert.

Doch es kam anders: Die Kultur des Tanzens, des Ausgehens und der elektronischen Musik hat ihren Kulminationspunkt nicht nur überlebt, sondern wurde durch den Overkill gereinigt. Vor dem Hintergrund Berliner Beharrlichkeit, äußerst toleranter Behördenpolitik, billiger Mieten und einem nicht endenden Strom junger Menschen, die nach Berlin ziehen, entwickelten sich noch mehr Clubs, die meisten von ihnen im Stadtteil Mitte. Noch immer gehen in Berlin an jedem Wochenende Massen von Menschen tanzen. Auf den Heimweg macht man sich dabei manchmal erst am Montagabend – oft von der dem Berghain an Berühmtheit nicht nachstehenden Bar 25 aus.

Linke Seite:
DJ Nicolino

Rodeo Club in Mitte

Ein anderes Resultat des Prinzips des leichten Zugangs in Berlin dürfte das enorme Interesse junger Menschen an der Kunst sein. In dem Club Berghain deutet es sich bereits an durch die im oberen Stockwerk hängenden Werke des Fotografen Wolfgang Tillmanns und die Installation des polnischen Künstlers Piotr Nathan im Eingangsbereich. Noch sichtbarer wird es bei einem Spaziergang durch den Stadtteil Mitte an einem beliebigen Freitagabend. In irgendeiner Galerie ist immer gerade eine Vernissage, keine von ihnen ist schlecht besucht. Inwieweit das mit der gezeigten Kunst oder dem kostenlosem Alkohol zu tun hat, ist eigentlich unerheblich. Worum es nämlich immer in Berlin geht: Menschen kennenlernen.

In keiner deutschen Stadt ist es ähnlich einfach, mit Fremden ins Gespräch zu kommen. Das könnte in der Natur der Berliner liegen, doch auf den Vernissagen und in den Clubs trifft man ja kaum welche. Vielmehr ist Berlin, vor allem der Stadtteil Mitte, geprägt von den Dazugezogenen – aus der deutschen Provinz kommen sie oder den Großstädten. Aus dem europäischen Ausland und auffallend häufig aus den USA. Das Ergebnis ist so eine Art Hotelbar-Stimmung: Jeder ist neu, kann Kontakte und Information gebrauchen, zeigt sich von seiner besten Seite.

Die Zeiten des umgedrehten Snobismus in Berlin scheinen vorbei zu sein – zumindest im Wunderland Mitte. Clubs wie das Weekend mit einer Dachterrasse hoch über dem Alexanderplatz oder das an der Spree gelegene Watergate in Kreuzberg haben das Terrain geklärt. Es kann eben auch mal eine Aussicht sein statt unverputzten Betons. Die Konsequenz: Auch im traditionell schickeren und von den meisten Zugereisten stoisch ignorierten Westen Berlins tut sich wieder etwas. Neue Clubs sind entstanden, zum Beispiel das Puro in der zwanzigsten Etage des Europa-Centers am Kurfürstendamm. Eine Art Gegenentwurf zur Welt des Berghain: Man kommt früher, geht früher, es gibt polierte Oberflächen und Menschen, die sich am Samstagnachmittag noch etwas zum Anziehen für den Club gekauft haben.

Kunst-Stücke

Sprung über die Mauer
Joachim Bessing

Auf die Frage, was es braucht, um Anlass zu bieten für eine fruchtbare Kunstproduktion heißt die gesicherte Antwort: „Eine Verwerfung. Geschichtliches taugt auch. Traumata sind immer gut."

Berlin als Wohnort, als „Lebensmittelpunkt" für Künstler, wie man es in Folge der in den siebziger Jahren modisch gewordenen soziologischen Diskurse nannte, hatte von daher ideale Voraussetzungen zu bieten. Freilich waren das aber lediglich die innerlichen und weichen Gründe, auf denen die mittlerweile vielbeachtete Berliner Kunstlandschaft entstand. Dazu kamen, nicht minder entscheidend, die geringen Lebenshaltungskosten, ein üppiges Angebot an Kneipen und Bars zur Inspiration, sowie die Ausnahme von der allgemeinen Wehrpflicht, die einen ständigen Zufluss junger Menschen nach Westberlin garantierte.

Stephan Landwehr, der heute die größte Werkstatt für Bilderrahmen in Berlin betreibt, kommt 1982 in die Stadt. Aufgewachsen in Lohne bei Bremen will er hier studieren. Er malt, studiert aber Werbung, sucht natürlich auch die Nähe zur etablierten Kunstszene. Doch wie sah die in den frühen achtziger Jahren eigentlich aus?

Um hier einmal einen gewaltigen Satz über die Zeiten, sogar über die geschichtliche Trennlinie des Mauerfalls hinweg zu machen: Heute ist Landwehr neben seinem Rahmengeschäft, das auf drei Etagen in einem Fabrikgebäude in Kreuzberg angesiedelt ist, ebenfalls Betreiber des „Grill Royal" an der Friedrichstraße. Und wenn es ein deutliches Bild gibt für die Karriere der Berliner Kunstszene, dann ist es wohl dieses Restaurant, in dem man einen jungen Star wie Jonathan Meese ebenso trifft wie Markus Lüpertz, den „Malerfürst".

Damals, 1982, „gab es das alles nicht". Man traf sich, erinnert sich Stephan Landwehr, im „Exil" am Kreuzberger Paul-Lincke-Ufer. Zwei Jahre zuvor hatte der Kurator Thomas Kempas im „Haus am Waldsee" eine stilprägende Gruppenausstellung mit großformatigen,

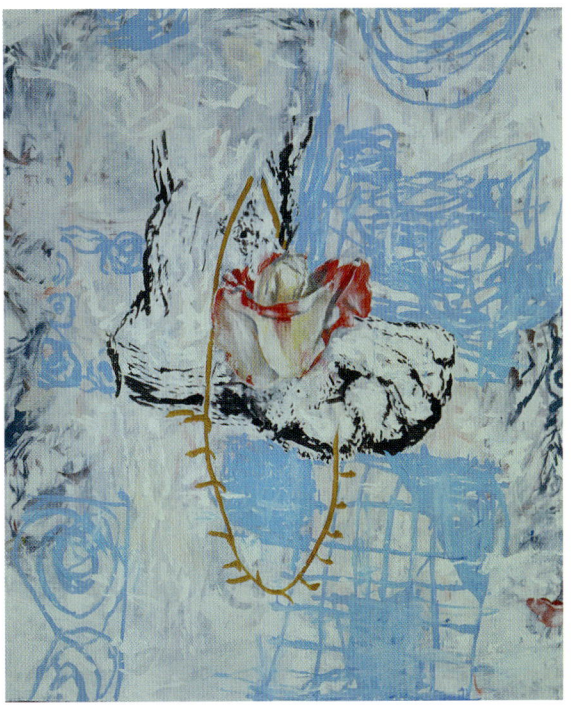

Rosenfuß
von Hans Peter Adamski,
1992

Linke Seite:
ARNIKO
von Elvira Bach, 2008

farbsatten Malereien in ungestümem Gestus eröffnet. Seitdem wurden Künstler wie Rainer Fetting, Bernd Zimmer, Salomé aber auch Elvira Bach und der in Vergessenheit geratene Helmut Middendorf als „Junge Wilde" bezeichnet.

Das „Exil" wurde von Oswald Wiener betrieben, einem österreichischen Künstler, der aus Wien nach Berlin geflohen war, um einem Verfahren wegen „Gotteslästerung" zu entgehen. Der Wirt des „Exil" war sozusagen vom Fach, eine große Nummer, und von daher zechte bei ihm nicht nur die Avantgarde, sondern auch die vergleichsweise etablierten Künstler Markus Lüpertz, Joseph Beuys, Georg Baselitz, Johannes Grützke und Dieter Roth – alles Namen, die, wenn man nochmals den Zeitsprung wagt, längst „Pantheon-fähig" sind.

Die Ausstellung im „Haus am Waldsee" hatte die Aufmerksamkeit der New Yorker Galeristin Mary Boone erregen können, es kursierten damals Gerüchte von fabelhaften 30.000 D-Mark, die für Kunstwerke der Jungen Wilden bezahlt worden waren.

Jonathan Meese und Gudny Gudmundsdottir

„Das Geld wurde im Exil verballert", sagt Stephan Landwehr, der sich, damals armer Student, „jeweils nur das erste Bier des Abends" leisten konnte. Danach wurde er eingeladen, von den etablierten Künstlern, die einen gönnerhaft an den Tisch luden. „Die Künstler waren damals die Chefs", stellt Landwehr fest. Und er zögert nur kurz, als er zu Hilfsdiensten aufgefordert wird.

Der Grundstein zu seiner florierenden Rahmenwerkstatt wird mit behelfsmäßiger Schreinerei gesetzt: Aus „Dachlatten und Scheuerleisten" entstehen die Rahmen der Neuen Wilden. Die Holzgerüste wurden „mit Baumarktfarbe angemalt: das war der Standard", erinnert sich Landwehr. Die Notdürftigkeit folgt keiner Methode, es gab zu damaliger Zeit nur eine einzige Rahmenwerkstatt in Berlin, die auf die vergoldeten Riesenrahmen der Museen spezialisiert war. Mit der zeitgenössischen Kunst, die in den sechziger und siebziger Jahren hauptsächlich auf Minimal Art, auf Fluxus und Konzeptkunst gesetzt hatte, gab es scheinbar kein Geschäft zu machen.

Die Berliner Kunstproduktion entsteht damals allgemein unter improvisierten Bedingungen, „die meisten Künstler malten zuhause, ein Atelier hatte niemand".

Die für die Neuen Wilden charakteristischen Großformate entstehen folglich im größten Zimmer der Wohnung, woraufhin die Leinwand zum Transport abgespannt wird, um am Zielort wieder auf den Rahmen gezogen zu werden. Ein umständliches, beinahe amateurhaft zu nennendes Procedere, das auch aufgrund mangelnder Infrastruktur entstanden war. Denn es mangelte nicht nur am Zubehör, es gab auch – heute schwer vorstellbar – kaum Galeristen, um die Kunstwerke, mit oder ohne Rahmen, auszustellen.

Und der Mangel an Galeristen erklärte sich wiederum mit etwas für die Kunst noch Wesentlicherem: Auch eine Sammlerszene gab es nicht.

Dr. h.c. Heinz Berggruen und Bettina Berggruen mit Dr. Friedrich Christian Flick

Stephan Landwehr erinnert sich des „großen Dieter Hauert", eines Unternehmers, der durch Sozialen Wohnungsbau zum Millionär geworden war, das Grand Hotel Esplanade gebaut hatte und dazu eine imposante Sammlung besaß (der Neuen Nationalgalerie stiftete er eine Skulptur von Giacometti). Von Hauert erhält Landwehr auch seinen ersten Großauftrag: 1.000 Bilderrahmen, so schnell es geht. Der Student Landwehr, von den Jungen Wilden zur Hilfskraft gemacht, heuert ebenfalls Hilfskräfte an: „Zu zehnt haben wir Tag und Nacht gesägt wie die Blöden." Pro Rahmen zahlt Dieter Hauert ihm 52 D-Mark.

Den Einstieg in die damals ebenfalls florierende Werbebranche verpasst Stephan Landwehr.

1986, die erste Ausgabe der Zeitgeist-Zeitschrift „Tempo" war soeben erschienen, gründet er seine Rahmenwerkstatt. „Plötzlich hatte ich eine Firma. 1987 wurde es ernst."

Aus der Sicht des Rahmenmachers, der zur Beurteilung der Kunstszene zwangsläufig marktwirtschaftliche Kriterien anlegt, wird es für diese in Berlin mit dem Fall der Mauer ernst: Die Szene, bislang stilistisch wie räumlich auf den Westen beschränkt, weitet sich rasch gen Osten, in den bis heute sagenhaft gebliebenen Stadtteil „Mitte" aus. In einem ehemaligen Schuhladen eröffnen Thilo Wermke und Alexander Schröder ihre Galerie namens „Neu". Der Name entsteht wie zufällig aus den noch an den Schaufenstern vorgefunden Schriftzügen, die Schuhe aus DDR-Produktion als Neu verkaufen sollten. Der beiläufige und humorvolle Umgang mit dem Vorgefundenen ist symptomatisch für die eine Schule der Neuen Berliner Kunsthändler. So gründet ein anderer seine Galerie in einem DDR-Geschäft, über dessen Eingang „Maschenmode" stand – und folglich heißt seine Galerie dann auch so.

Aber es machten auch andere „rüber". Bruno Brunett verlegt seine vergleichsweise staubtrocken mit „Contemporary Fine Arts" betitelte Galerie in die repräsentativen Sophie-Gips-

Elvira Bach

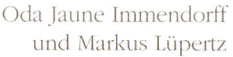

Ulla Pietzsch und Heinz H. Pietzsch mit Neo Rauch

Höfe im ehemals jüdischen Viertel. Dass Brunett für diese Fläche 3.000 D-Mark pro Monat an Miete zu zahlen bereit ist, gilt als sensationell. Der hübsche Innenhof des Backsteingebäudes beherbergt auch die erste Ost-Filiale der New Yorker Bäckerei Barcomi's, eine der raren kulinarischen Highlights des frühen Ostens. Auf engem Raum entsteht hier das Erfolgsrezept der Berliner Kunstszene nach dem Mauerfall: Kunst und Genuss. Bilderschauen und Ausgehen. Das Erhabene mitten im fröhlich Sozialen – oder auf welche Formel man es auch immer bringen will.

Ein Erfolgsrezept ist es auf jeden Fall. Landwehr schätzt, dass sich die Zahl der Sammler in den Jahren zwischen 1989 und 1993 etwa verhundertfacht hat. Galt es damals, 1980, noch geradezu als Zufälligkeit, dass sich eine New Yorker Galeristin für Malerei in Berlin interessiert, nimmt man es heute selbstbewusst für gegeben, dass auf Berliner Vernissagen Sammler und Kuratoren aus anderen Ländern anwesend sind.

Dass Berlin den zu Mauerzeiten angestammten Kunststädten München, Düsseldorf, vor allem aber Köln jeglichen Rang ablaufen konnte, hat mit dieser spezifischen Mischung zu tun, die damals, jenseits der Trennlinie des Mauerfalls für eine neue und wilde Kunstproduktion sorgen konnte: Eine geschichtliche Verwerfung mehr, ein noch üppigeres Angebot an Restaurants – und eine Vielfalt an Galerien, Privatsammlungen und Künstlerateliers, wie es sie in Deutschland nirgendwo anders gibt.

Oda Jaune Immendorff und Markus Lüpertz

Die Künstler kommen nach Berlin
Christoph Stölzl

Dass Berlins neue geistige Atmosphäre interessant für Zeitgeist-Scouts aus der ganzen Welt war, ist nur die eine Seite der Medaille. Die Attraktivität der deutschen Hauptstadt rührte auch von ganz praktischen Faktoren. Zum ersten Mal in der Geschichte der Stadt gab es keine Wohnungsnot mehr. Die Sprengung der Mauer hatte den in Berlin für Jahrzehnte verzögerten Zug ins Grüne, in die Suburbia, endlich mobilisiert. Zudem blieb der Traum von der Sechs-Millionen-Stadt Utopie. Zuzug und Wegzug nach Berlin hielten sich die Waage. Der unaufhaltsame Niedergang der traditionellen Industriewirtschaft wurde nicht aufgewogen durch das Aufblühen der kleinen, auf Dienstleistung gestützten Firmen. Berlin wuchs qualitativ, nicht quantitativ. Wohnungen, Ateliers, Gewerberäume wurden, verglich man sie im Weltmaßstab, unvorstellbar günstig. Kenner der Kulturgeschichte verglichen die Lebensqualität Berlins jetzt mit den Glanzzeiten von Paris oder New York, wo am Montmartre im Quartier Latin oder in Greenwich Village die Künste in billigen Quartieren geblüht hatten.

Dies zog vor allem eine Heerschar von Künstlern und Galeristen an. Künstler, gestresst in den echten Metropolen wie London oder New York, entdeckten den Reiz bezahlbarer Altbau-Wohnungen, familienfreundlicher Kindergarten- und Schulsysteme, eines funktionierenden Gesundheitssystems und all der interessanten, vielsprachigen Leute, die man in Berlin im Umkreis der Botschaften und der hochkarätigen alten und neuen Institutionen treffen konnte: der Akademie der Künste am Brandenburger Tor, des Wissenschaftskollegs, der American Academy. Sie alle waren, auch dies eine Besonderheit, demonstrativ gastfreundlich gegenüber allen Neuankömmlingen aus dem Kunstbetrieb.

Am Ende des ersten Jahrzehnts nach der Jahrtausendwende schätzt man in Berlin 440 Kunstgalerien und unzählbare Ateliers. Ihre Kunden mussten sie zwar im Wesentlichen außerhalb der Stadt finden. Aber Berlin wurde dennoch zur blühenden „Kunststadt", weil der Sammlertourismus stetig anschwoll. Noch konnte Berlins Kunsthandelsszene nicht mit Ereignissen wie der Art Basel, der Biennale in Venedig oder der Documenta mithalten. Aber das herbstliche „Art Forum" und die sommerlichen „Gallery Weekends" wucherten doch sehr erfolgreich mit den Stärken der Stadt: Lässige Treffpunkte wie das Borchardt, die Paris Bar oder das Grill Royal, um nur die bekanntesten zu nennen. Dann, wichtiger als alles Materielle: Internationalität, Witz und die niemals langweilig werdende Reihe von überraschenden Feier-Locations voller Großstadt-Romantik und Geschichtsträchtigkeit.

Scharfsinnige Analytiker schrieben, dem wachstumsschwachen Berlin fehle das unge-zügelte Wuchern, das andere Weltmetropolen so anstrengend mache. Von Ludwigsburg und Lüdenscheid aus betrachtet wirke Berlin wie ein Dschungel – und sei deshalb für die mobile deutsche Jungend so attraktiv. Von London, New York und Los Angeles aus gleiche die Stadt aber einem wohlgeordneten Boheme-Disneyland für Erwachsene – und sei deshalb aus den entgegengesetzten Gründen attraktiv, als Oase der Sicherheit.

Bryan Adams als Fotograf für „HEAR THE WORLD"

Erinnerungen an das MoMA in der Neuen Nationalgalerie
Peter Raue

MoMA in der Neuen Nationalgalerie: Das ist nicht nur ein Ausstellungserfolg (1,2 Millionen Menschen in sieben Monaten) – das ist auch eine Geschichte der „Schlange". Sie wurde geradezu zum Wahrzeichen dieser Ausstellung. Menschen, die sich zweimal, dreimal um das gesamte van der Rohe-Haus angestellt haben, die unterhalten wurden mit Feuerschluckern, Bilderklärern, Würstchenverkäufern, Katalogangeboten – bis nach an manchen Tagen achtstündiger Wartezeit der Einlass lockte. Erstmals in ihrer Geschichte hat die Nationalgalerie ihre Pforten länger als eine Woche Tag und Nacht – rund um die Uhr! – geöffnet. Die Begegnung mit der Kunst morgens um 4.00 Uhr in einem immer noch gut gefüllten Museum bleiben Glücksmomente dieser Ausstellungszeit.

Eine Sommernacht in einem kleinen Restaurant in Schöneberg: Glenn Lowry – der erfolgreiche, geistreiche Direktor des MoMA – und der Verfasser dieser Zeilen saßen zusammen bei einem Glas Wein, um ein berufliches Feld zu bearbeiten. Zu später Stunde die Frage: „Was macht das MoMA während der Umbauarbeiten, während der Schließungsphase?" „Das ist geklärt", berichtet Lowry, „die Sammlung geht in vier europäische Städte." Er nannte London, Madrid, Frankfurt, der vierte Ort stünde noch nicht fest. „Das schadet den Bildern und ist der falsche Weg", war die kecke Antwort. „Es gibt doch nur eine Lösung: Diese Sammlung kommt für sieben Monate – dem Zeitraum der Schließung des Museums – nach Berlin, nur nach Berlin! Nur in die Neue Nationalgalerie." Ich hatte sofort das Gespür, dass Glenn Lowry die Idee faszinierend fand. „Das könnt ihr nie bezahlen", meinte er abwehrend. „Das werden wir sehen", antwortete ich.

Vom köstlichen Rotwein beflügelt, rufen wir in Erinnerung: Das MoMA verdankt sein Entstehen einer Europareise von Alfred Barr Jr. in den 20er Jahren. In Deutschland – in Berlin und Dessau – ist er fasziniert von der europäischen Kunst, erkennt hellsichtig: Der aufkommende Faschismus wird keinen Raum lassen für diese Kunstwerke und ihre Künstler, für Monet und Manet, für Lissitzky und Schlemmer, für Beckmann und Kokoschka. Und so gründete Alfred Barr Jr. in New York sein Museum, das „MoMA". Im Gründungsschreiben erklärt der 28-Jährige(!): Das werde das bedeutendste Museum für die Kunst des 20. Jahrhunderts! Mies van der Rohe – auch er ein von den Nationalsozialisten Vertriebener – wollte eigentlich das MoMA in New York bauen (was ihm verwehrt blieb) und hat die Neue Nationalgalerie in Berlin errichtet, den „Tempel der Moderne". Das MoMA gäbe es nicht, hätte es nicht die Flucht der Künstler des ersten Jahrhundertdrittels nach Amerika gegeben.

Und nun kommen diese Arbeiten zurück in das Land, in die Stadt, von der die Vertreibung ausgegangen ist. Aber auch die glanzvollen Werke des MoMA zur zweiten Hälfte des 20. Jahrhunderts müssen nach Berlin, müssen in dieses Haus kommen. Schließlich hat das Werk von Pollock und Warhol, von Frankenthaler und Lichtenstein den außeramerikanischen Siegeszug in Deutschland begonnen!

Dann: Eine unruhige Nacht! So früh wie möglich Anruf bei unserem Generaldirektor, Peter-Klaus Schuster, ihm die Idee vortragend. Er war Feuer und Flamme, besprach sich mit seinen Kollegen und kam bald zu der Entscheidung: Wenn „der Verein" das Kostenrisiko und die Organisation übernimmt, dann ist das eine Idee, die wir umsetzen müssen. Anruf bei Glenn Lowry: „Traurige Nachricht: Wir wollen dass das, was wir in jener Nacht gesponnen haben, Wirklichkeit wird." Glenn lacht: „Ich habe auch eine traurige Nachricht: Auch meine Gremien sind ganz für diese eine, die Berliner Station."

Wir brauchen einen Sponsor – und finden ihn glorios in der Deutschen Bank. Dessen Vorstandsmitglied, der kunstliebende Tessen von Heydebreck, macht sich stark für unser Vorhaben und hat Erfolg. Diese Zusage hat uns die Ängste vor diesem gigantischen Vorhaben genommen. Die Außenminister der USA und der Bundesrepublik Deutschland – Colin Powell und Joschka Fischer – übernehmen gemeinsam die Schirmherrschaft. Das gab es wohl noch nie und war in den Zeiten erheblicher Spannung zwischen den beiden Staaten ein wunderbares Zeichen!

Mit dieser Hilfe gehen wir zügig ans Werk. Das MoMA unterbreitet Vorschläge, was man nach Berlin schicken wolle. Vorstand und Peter-Klaus Schuster reisen nach New York, um ziemlich dreist noch Besseres, noch Gewichtigeres zu wünschen und in Berlin Vorhandenes durch für Berlin Neues (zum Bei-

Prof. Dr. Peter Raue, Friede Springer, Prof. Dr. Klaus Lehmann und Lisa Lehmann

spiel Philip Guston) zu ersetzen. Das war ein heiteres Spiel. Ohne jede Aggression. Häufig mit einem: „Das bekommt ihr." Nur selten: „Diese Arbeit kann einfach nicht wandern." Mit unvergleichlichem Charme diskutiert einen Tag lang Jennifer Russell mit uns bis wir richtig glücklich sind. Nun haben wir die Ausstellung, die wir brauchen: Mit den Highlights aus dem MoMA.

Mit dem Tage ihrer glanzvollen Eröffnung am 20. Februar 2004 entfaltet die Ausstellung ihre unübersehbare Präsenz, alsbald messbar an einem nie enden wollenden Besucherstrom. Warum es verheimlichen, dass ich auf dem Weg in mein Büro – er führt täglich an der Neuen Nationalgalerie vorbei – die vor dem Eingang Wartenden glückselig betrachtet habe?! Die freien Abende sind schnell (und geldbringend) für den ganzen Zeitraum der Ausstellung ausgebucht, weil Unternehmen ihre Gäste dort begrüßen wollen. Ein strahlender Sommer begleitet die Ausstellung, bis sie am 19. September 2004 um 24.00 Uhr ihre

Als der 250.000. Besucher mit Blumenstrauß unter Anteilnahme von Presse und Fotografen begrüßt werden soll, trifft es eine junge Frau mit zwei Kindern und einem gut aussehenden Mann. Als Fotografen und Fernsehen das mit Geschenken beglückte Paar aufnehmen wollen, erklärt sie: „Bitte ohne diesen Mann, sonst kriege ich zu Hause Ärger …".

Pforten schließt. Der glücklichste Augenblick dieser Ausstellung freilich: Die E-Mail vom MoMA, dass alle, alle Arbeiten unversehrt in New York gelandet sind.

> Eine junge Frau erreicht mit ihrem Baby nach langem Warten in großer Kälte die Ausstellung, setzt sich vor das große Rousseau-Bild auf die Bank und gibt dem Baby das, was nur die Mutter geben kann. Die Aufsicht bittet sie, dies nicht in der Ausstellung zu tun, hier sei „Essen und Trinken verboten".

Es ist viel diskutiert, viel gerätselt worden, was die eigentliche Ursache des Erfolgs dieser Ausstellung war. Es gibt wohl keine schlüssige Antwort – aber Vermutungen:
Das MoMA steht für den Kanon des 20. Jahrhunderts in der Bildenden Kunst. Kein Museum ist seit mehr als 70 Jahren derart fokussiert. Kein Museum sonst in Amerika wird identifiziert als das Haus für die Kunst des 20. Jahrhunderts.

Vielleicht hat dieser Erfolg auch damit zu tun, dass dieses kühne Unternehmen von allen Beteiligten – den Verantwortlichen des MoMA, dem damaligen Generaldirektor Peter-Klaus Schuster und dem Verein der Freunde der Nationalgalerie – mit Liebe, Begeisterung und schier nicht enden wollender Einsatzfreudigkeit umgesetzt wurde. Die Liebe ist eben doch eine Himmelsmacht! Für den Verein ist die Vorbereitung und Realisierung dieser Ausstellung wohl die glücklichste und erfolgreichste Zeit der letzten 32 Jahre gewesen. Es ist aber

Eva und Adele

auch ein bleibendes Glück zu erleben, wie viele Menschen dankbar diese Ausstellung besucht haben. Wie viele zugegeben haben, das erste Mal in ihrem Leben in einem Museum gewesen zu sein und schon bei der nächsten Reise nach New York zunächst ins MoMA gehen zu wollen, um zu sehen, wie die Arbeiten dort präsentiert werden. Es gibt nicht den geringsten Grund, vor solchen Großausstellungen die Nase zu rümpfen.

Den Berlinern bleibt (wieder einmal) der Dank an die Amerikaner, die das Vertrauen und den Mut gehabt haben, einem von privaten Vereinsmitgliedern getragenen Verein die Finanzierung der erforderlichen zehn Millionen Euro zuzutrauen.

Prof. Dr. Klaus Siebenhaar und Dagmar Boeck-Siebenhaar

Der Zweck heiligt die Party

Charity in Berlin
Elisabeth Binder

Geht das? Kann man von edlem Porzellan speisen in einem eleganten Ambiente zwischen silbernen Kandelabern und Blütenkränzen, sich von internationalen Stars unterhalten lassen, womöglich ausgelassen tanzen und dabei Gutes tun? Die klassische deutsche Antwort auf diese Frage lautete lange: Nein, das geht gar nicht. Dass die Reichen und Berühmten der Gesellschaft auf diese Weise Geld aufbringen und helfen wollen, das war ein Prinzip, das man hierzulande mit den USA verband oder mit Ländern, in denen es keine sozialen Netze gibt. Hier hatte sich um soziale Belange der Staat zu kümmern. Doch mit dem Fall der Mauer hatte der plötzlich Aufgaben zu bewältigen, die viele dringliche soziale Anliegen ins Abseits geraten ließen. Neue Ideen mussten her.

Der Gedanke, mit Glamour-Galas als Vehikel Aufmerksamkeit für neuartige Probleme und Krankheiten zu erregen, erschien zunächst fragwürdig. Wer sich um Notleidende kümmert, hat jenseits von großen Fernsehaktionen Sack und Asche zu tragen, lautete eine verbreitete Haltung. Immer wieder wurde auch darauf hingewiesen, dass unterm Strich zu wenig Mittel dabei herauskommen und Steuervorteile ausgenutzt werden. Negatives Denken hat aber noch nie gereicht, um wirksam zu helfen.

In den neunziger Jahren gab es mehr und mehr Ansätze, auch mit großen Galas soziale Probleme anzugehen. Indem man glanzvolle Blitzlicht-Ereignisse schaffte, konnte man das Augenmerk einer breiteren Öffentlichkeit auf Problembereiche lenken, die sonst im härter werdenden Wettbewerb um Beachtung und finanzielle Unterstützung ein Schattendasein führten.

Der eigentliche Durchbruch kam mit der Jahrtausendwende, und Isa Gräfin von Hardenberg hat erheblich dazu beigetragen, das Vehikel Glamour auch auf breiter Ebene salonfähig zu machen und zu etablieren. Mit ihrer aus kleinen privaten Anfängen gewachsenen Erfahrung auf dem Event-Sektor, dem immer leise spürbaren pädagogischen Talent der studierten Lehrerin, dem dazugehörigen Perfektionismus und der Fähigkeit, mit globalen Society-Größen auf Augenhöhe zu kommunizieren, war sie prädestiniert für die Aufgabe, Charity-Events auch hierzulande so umzusetzen, dass sie sich bei allem Gegenwind doch als eigenes Genre etablierten.

Freilich war Berlin ein schwieriges Hauptquartier, denn anders als im reicheren Hamburg oder im betuchten München, ist die Spendekraft vergleichsweise gering ausgeprägt. Es galt also auch Geld- und Ideengebern zu importieren. Hilfreich waren internationale Netzwerke. Sie

Alice Schwarzer,
Ralph Moeller, Heide Simonis,
Udo Walz, Fürstin Gloria von
Thurn und Taxis
bei "Cinema for Peace"

Gräfin Gunilla von Bismarck, Volker Schlöndorff, Nadja Auermann und Mario Adorf bei "Innocence in Danger"

I.M. Königin Silvia von Schweden, Dorothea von Eberhardt bei der Mentor-Gala

ihre Familie am Frühstückstisch gern mal mit Erzählungen aus der Welt ihrer Stiftungen unterhält. Ihre Mentor-Stiftung kämpft gegen Gewalt und Drogenmissbrauch bei Jugendlichen. Mit der World Childhood Foundation hilft sie vor allem Straßenkindern in vielen Ländern der Welt. Auch in Berlin unterstützt sie Kinderhilfsprojekte.

Bei der ersten großen Gala zugunsten ihrer Mentor-Stiftung waren gleich drei Event-Unternehmen im Einsatz. Neben Isa von Hardenberg kümmerten sich auch noch die in München und Hamburg beheimatete Agentur Schoeller & von Rehlingen sowie die Publizistin und Produzentin Beate Wedekind um die Gala Royale.

begnügte sich nicht damit, ortsansässige Telenovela-Sternchen zu ihren Festen einzuladen. In ihren Ehrenkomitees tauchten plötzlich Namen auf wie Prinzessin Caroline von Hannover, Paul McCartney oder Isabelle Adjani. Auf ihren Festen warben zum Beispiel Königin Silvia von Schweden, der Popstar Bryan Adams oder die frühere Kaiserin von Persien, Farah Diba Pahlavi, um Spenden für Kinder in Not. Und als die britische Königin anlässlich eines Staatsbesuchs in die Philharmonie lud, um Spenden für die Dresdner Frauenkirche zu sammeln, hatte Isa Gräfin von Hardenberg sehr diskret ebenfalls ihre ordnenden Hände im Spiel.

Das Vehikel Glamour zur Lösung sozialer Probleme war gleich in mehrfacher Hinsicht ideal. Auch Königinnen oder Ehefrauen von Bundespräsidenten haben keine Lust mehr, ein müßiges Märchenleben zu führen und betätigen sich zum Wohle der Allgemeinheit lieber als Top-Managerinnen in eigenen sozialen Projekten. Bestes Beispiel ist Königin Silvia von Schweden, die

Andere Charity-Galas handelten davon, Krankheiten aus dem Dunkel des Verdrängens ins Licht der Scheinwerfer zu rücken.
Zu den ersten Themen, die mit Hilfe von Glamour aus der Schmuddelecke ins Rampenlicht geholt wurden, zählte HIV und Aids. Die Aidsgala in der Deutschen Oper, ein damals neuartiges Fest aus gratis von Opernstars vorgetragenen Arien und anschließendem Dinner und

Tanz auf der Bühne, fand erstmals 1994 statt. Bei diesem Projekt führte in den frühen Jahren Isa von Hardenberg auch mal Regie. Wie bei vielen Pionierprojekten gab es in der Anfangsphase häufigere Wechsel in der Organisation, die zum Teil auch den nervenraubenden Lernprozessen geschuldet waren, die Pionierarbeit eben mit sich bringt. So ging auch die ursprünglich von Isa von Hardenberg mitinitiierte Film-Gala „Cinema for Peace" nach zwei fulminanten Anfangserfolgen in andere Hände über. Unvergessen ist besonders die zweite Gala. Während der Schauspieler Dustin Hoffman während des Dinners spontan eine Friedensrede gegen den Irak-Krieg formulierte, die weltweit Beachtung fand, sorgte Isa von Hardenberg dafür, dass freie Plätze von spontan schwänzenden Hollywood-Schauspielerinnen diskret aufgefüllt wurden, dass jedes Detail bei den eleganten Dekorationen stimmte und jede Hostess am richtigen Platz stand. Großes gedeiht am besten, wo mögliches Chaos gekonnt in Schach gehalten wird. Dieser Abend wurde Legende. Nach ihrem Ausscheiden wurden die Rednerlisten länger.

Auch diese wichtige Kunst beherrscht die passionierte Gastgeberin. Auf ihre bestimmte Art bewahrt sie Veranstalter vor offensichtlichen Fehlern. Charity verführt leider sehr zu langen Reden. Eitelkeit ist nun mal ein verbreitetes Laster, und es gibt auch unter Sponsoren immer noch zu viele Kandidaten, denen es nicht peinlich ist, sich dem gequält lauschenden Publikum ausgiebig als Gutmensch anzudienen. Man kann tatsächlich auf Charity-Galas für allerbeste Zwecke geraten, bei denen die Reden bis zu fünf Stunden dauern. Die Kunst, auch sehr reichen und berühmten Menschen deutlich zu machen, dass die Schmerzgrenze gut zahlender Gäste bei einer Stunde höchstens erreicht ist, beherrscht nicht jeder Veranstalter. Manchen fehlt sogar das Problembewusstsein.

Mit der von ihr initiierten Gala „Innocence in Danger" fand Isa von Hardenberg ein Anliegen, das dem einschlägigen Publikum völlig neu war. Sexueller Missbrauch von Kindern via Internet? Und das soll ein Problem sein? Als die Mauer

Regina Ziegler beim Losverkauf

„Isa Gräfin von Hardenberg ist in Präsenz und Ausstrahlung nicht mehr aus der Berliner Gesellschaft wegzudenken. Eine besondere Würdigung gebührt ihr in meiner Wahrnehmung aber für ein Projekt, das sie mit außergewöhnlichem Engagement innerhalb der Berliner Gesellschaft aufgebaut und etabliert hat. Durch Isa und ihre Verbindungen zu Politik und Wirtschaft hat sich „Innocence in Danger" weit über Berlins gesellschaftliche Grenzen hinaus in Deutschland zu einem der aufmerksamkeitsstärksten Charityprojekte entwickelt."

Regina Ziegler

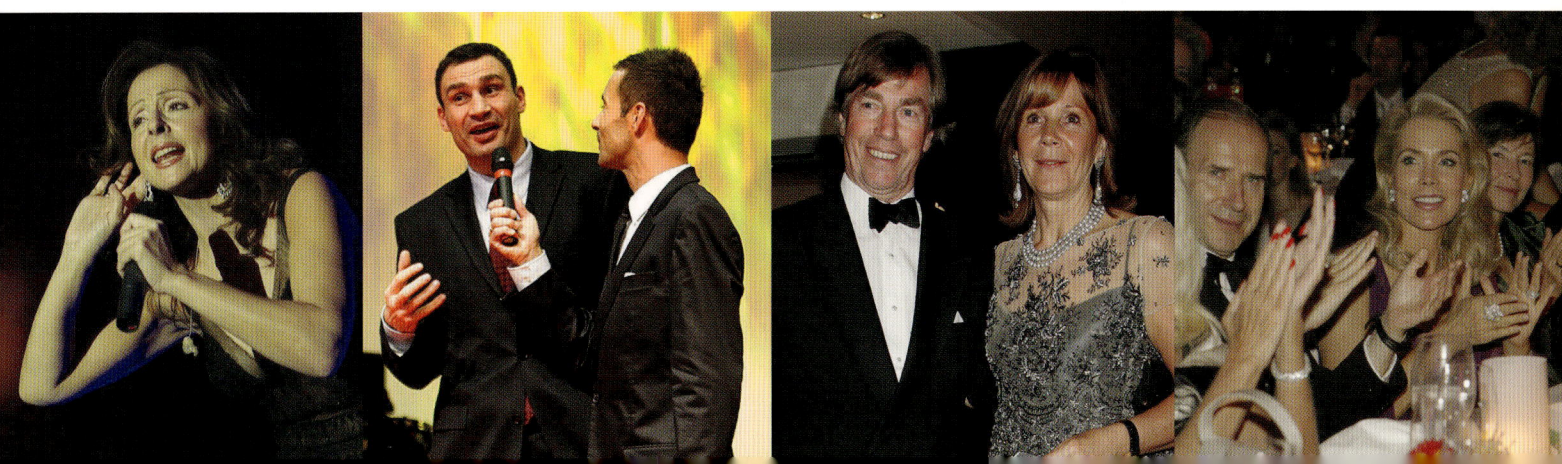

fiel, war das Internet für viele noch ein Fremdwort. Unbemerkt von Eltern, die ihren Kindern auf den Computern oft nicht mehr folgen konnten, war das tatsächlich ein drängendes Problem geworden, für dessen Lösung sich bald auch berühmte Filmemacher wie Wim Wenders und Volker Schlöndorff einsetzten. Schlöndorff engagierte sich auch im Galakomitee, in dem unter anderem noch Regina Ziegler, Sabine Christiansen, Friede Springer und Jürgen Schau mitwirkten. Schirmherrin der ersten Gala war die Begum Aga Khan. Ohne die glanzvollen Innocence in Danger-Galas wäre das Thema wohl kaum so rasch bekannt und beachtet worden. Auf den ersten Blick ging es darum, der internationalen Society beim glanzvollen Feiern zuzusehen. Tatsächlich schufen diese Galas, die in bunten Illustrierten mit langen Fotostrecken gewürdigt wurden, auch ein Problembewusstsein bei Eltern, die daraufhin schon mal genauer hinschauten, mit wem die Kinder durch den Computer Kontakt hatten. Das war ein Ertrag, der zu den gesammelten Mitteln für Projekte, in denen betroffene Kinder Hilfe fanden, noch hinzukam.

Thomas und Olga Rühle

Ein anderes Thema, das über die Glamour-Schiene neue Beachtung fand, war die weltweit verbreitete Kindersklaverei, um die es bei der ersten, glanzvoll inszenierten Preisverleihung der Roland-Berger-Stiftung ging. Bei diesem Anlass konnte in Anwesenheit des Bundespräsidenten die frühere Sexsklavin Somaly Mam immerhin eine Million Euro für die von ihr aufgebauten Schutzräume für Kinder in ihrer Heimat entgegennehmen.

„Schaut auf diese Stadt" hat Ernst Reuter einst gerufen, als Berlin in größter Bedrängnis war. Mit positivem Denken, der Fähigkeit viele Prominente dazu zu bringen, an einem Strang zu ziehen, hat die führende Gastgeberin Berlins dieses Motto in völlig anderer Weise umgesetzt. Es gäbe dort, wo Hilfe nötig ist, weniger Lichtblicke, wenn nicht in den vergangenen Jahren die internationale Prominenz auf feinstem Berliner Parkett getanzt und Spaß gehabt hätte. Schließlich entstehen an solchen langen, glitzernden Abenden auch Synergieeffekte, Ideen für Kooperationen und neue Projekte. Wo erfolgreiche Menschen guten Willens zusammenkommen, wird nicht nur geplaudert, sondern auch geplant. Die Einstellung, dass für traurige Themen, wenn überhaupt, dann am besten mit Schmerzensmiene bei Wasser und Brot gefeiert wird, gibt es zwar immer noch. Freilich ist dank vieler gelungener Charity-Galas auch diese Sichtweise bei den Deutschen inzwischen eingesickert: Man kann die Welt besser machen. Dazu muss man nicht in Jeans und Strickpulli antreten. Zur Not geht es auch mal in Smoking und Abendkleid.

Außenminister Frank-Walter Steinmeier und I.M. Königin Beatrix der Niederlande

Starallüren

Um die Jahrtausendwende hörten wir zum ersten Mal von der Arbeit von INNOCENCE IN DANGER und beschlossen, zugunsten dieses Vereins eine Gala zu organisieren. Kindesmissbrauch ist ein verstörendes Thema, das besonderer Aufmerksamkeit bedarf.

Uns war klar: Bei diesem Tabuthema muss ein Weltstar her, um der Veranstaltung Strahlkraft zu verleihen!

Wir hatten Glück: ein sehr berühmter englischer Stargeiger konnte für ein ehrenamtliches Engagement gewonnen werden. Nur ein paar Nebenkosten wären zu zahlen und ein paar Reisekosten – so weit, so gut!

Bis ein dickes Vertragswerk eintraf – 40 Seiten!

Es waren nur noch vier Wochen bis zur Veranstaltung, die Presse berichtete schon von einer glamourösen Internationalen Gala, das Komitee traf sich regelmäßig. Kurz: die Vorbereitungen liefen auf Hochtouren.

Dem ausführlichen „Travel Rider" war zu entnehmen, dass der Stargeiger mit seiner Frau aus Irland abgeholt werden musste, mit einer kleinen Zwischenlandung am Birmingham Airport, um dort seinen Sohn aufzulesen. Eine Limousine sollte ihn von zuhause abholen. Ein Stargeiger-Sohn kann selbstverständlich nicht mit dem Taxi zum Flughafen fahren. Es müsste zudem ein Privatjet sein, groß genug, um drei Passagiere mit reichlich Gepäck und drei Fahrrädern transportieren zu können. Auch der Tourmanager, der Soundingenieur, der persönliche Manager und zwei zusätzliche Musiker sollten von Krakau über London eingeflogen werden ....

Alles kein Problem, aber wir waren erst auf Seite 2.

Beim Weiterlesen wurde uns schwindelig:

Die Autofahrten der Starfamilie und ihrer Entourage hatten mit genau definierten Luxuslimousinen zu erfolgen. Der Stargeiger und die Seinen bräuchten ein 5-Sternehotel – die Präsidentensuite versteht sich. Für den Anhang würden auch „normale" Suiten genügen. Die Zimmertemperatur müsse genau 21°C betragen und 55 % Luftfeuchtigkeit ...

20 Seiten genaue Bedingungen waren dann im „Hotel- und Dressing Room Rider" aufgeführt. Das ging von einem Piano der Marke X über „Strictly no flowers in the room". Die Forderungen nach einem Raumbefeuchter für die Stradivari konnten wir ja noch nachvollziehen. Munter ging es weiter.

Die „dressingrooms" sollten mit tragbaren Heizungen bestückt werden. Für das leibliche Wohl mögen bitte zweimal täglich Sushivariationen für alle acht Personen, Lachssandwiches aus Roggenbrot, Sojamilch, etliche Flaschen Veuve Clicquot, Lagerbier und Obstkörbe mit Kiwi zur Verfügung stehen ...

Doch moment mal: wir hatten ja überhaupt gar keine „dressing rooms", da die Gala im ehrwürdigen Deutschen Historischen Museum stattfand. Da gab es noch nicht einmal einen richtigen Backstagebereich.

Nach Tagen gewannen wir endlich einen Sponsor für den geforderten Privatjet. Eine luxuriöse 7-Sitzer Cessna Citation. Die größte Hürde war somit genommen. Erleichtert riefen wir in London an.

Zu früh gefreut ... Das Management bestand darauf, dass der Jet auch wirklich groß genug sein müsse, um die drei Fahrräder mitzunehmen. Ernüchternde Rückmeldung: Die Fahrräder würden definitiv nicht in die Cessna reinpassen. Doch daran durfte es wohl nicht scheitern. Wir schlugen vor, in Berlin den gleichen Typus an Rädern zu besorgen. Dann traf die Antwort des Managers gut eine Woche vor der Veranstaltung ein: „Tut uns leid, wir bestehen auf einen größeren Privatjet: der Sohn bevorzugt sein eigenes Fahrrad."

Das war zu viel ... Verzweifelt gaben wir auf! Stargeiger ade! Doch eine glamouröse Gala ohne Top Act?

Zufällig rief in diesen Tagen ein holländischer Verleger an, der ein neues Lifestylemagazin herausbringen wollte. Bei einem Meeting bemerkte er nebenbei, dass kein Geringerer als Bryan Adams der Herausgeber sei. Ob wir die Eröffnungsparty im China Club organisieren könnten? Sobald der Verleger aus der Tür war, rief Gräfin Hardenberg eine englische Mobilnummer an. Eine männliche, sehr markante Stimme sagte: „Hi, this is Bryan speaking."

Lässig antwortete sie: „Hi, Bryan, this is Isa!"

Die Notlage wurde geschildert und innerhalb weniger Minuten war der Deal perfekt.

Bryan Adams würde auf unserer Gala spielen, wir seinen Launch organisieren. Lediglich eine Magnum Flasche Pommery wurde gewünscht. Manchmal geht es auch einfach…

Christine Bücken

Der Stifter
Roland Berger

*V*iel verbinde ich mit unserer Hauptstadt Berlin!

Berlin ist die Stadt, in der ich 1937 geboren wurde und in der ich mein erstes Lebensjahr verbrachte. Bis heute fühle ich mich ihr verbunden. Dabei sind es drei zentrale Beobachtungen, die Berlin zu etwas Besonderem machen:

Preis der Roland Berger Stiftung für Menschenwürde, gestaltet von Jonathan Meese

Bundespräsident Horst Köhler, Eva Luise Köhler, Karin Berger und Prof. Roland Berger

Rechte Seite unten: Kuratoriumsmitglied Dr. Maria Furtwängler, Somaly Mam (Preisträgerin 2008), Dr. Shirin Ebadi (Preisträgerin 2009), Kuratoriumsmitglied Joschka Fischer

Der Ort der Kreativität, Kunst und Kultur

Berlin, eine Stadt der Kreativen und Intellektuellen – aber auch die deutsche Hauptstadt von Kunst und Kultur. Fünf Kunsthochschulen mit 6.000 Studenten sprechen eine deutliche Sprache. Ganz besonders erfreuen mich in Berlin aber die insgesamt mehr als 170 Museen mit den weltbekannten Exponaten aus Geschichte, Kunst und Wissenschaft.

Und dass in Berlin eine robuste Kreativität lebt, zeigen schon die vielen blumigen Bezeichnungen, die der Volksmund den markanten Gebäuden verliehen hat, wie der „Lange Lulatsch" für den Berliner Funkturm auf dem Messegelände oder auch „Erichs Lampenladen" für den ehemaligen Palast der Republik.

Der Ort der Geschichte und Hauptstadt der Erinnerung

Berlin ist für mich die deutsche „Hauptstadt der Erinnerung". Fand doch der Großteil der negativen wie auch positiven Höhepunkte der deutschen Geschichte auf Berliner Boden statt, beziehungsweise wurde von hier dirigiert. Zum einen ist Berlin so bis heute Symbol für menschenverachtende Ausgrenzung und steht damit für die dunkelste Epoche der deutschen Geschichte. Schließlich hat die nationalsozialistische Regierung Deutschlands von hier aus die Vernichtung des „Andersartigen" in Deutschland und Europa organisiert. Zum anderen steht das heutige Berlin aber vor allem für das Zusammenwachsen Deutschlands und das Ende des Kalten Krieges. Denn hier manifestierte sich die Zusammengehörigkeit der Deutschen auf eine bewegende und sehr emotionale Weise.

Der Ort der Toleranz und Vielseitigkeit

Darüber hinaus schätze ich an der Stadt die Toleranz gegenüber dem Anderen und Andersdenkenden sowie seine Vielseitigkeit. Auch dabei kann Berlin – bis auf die schreckliche Zeit während des „Dritten Reichs" – auf eine lange Tradition zurückblicken. Denn schon im 18. Jahrhundert haben der Soldatenkönig, Friedrich Wilhelm I., und sein Sohn, Friedrich der Große, von Berlin aus ihr Land für Einwanderer geöffnet. Und diese Einwanderer haben das Land auf der Basis einer zuvor nicht gekannten Religions- und Gewissensfreiheit zu einer wahren Blüte von Wissenschaft, Kultur und Wirtschaft geführt. Diese große kulturelle Vielfalt hat Berlin sich bewahrt. Das ist für mich auch der Grund, warum nur diese Stadt für die Verleihung unseres Roland Berger Preises für Menschenwürde – zur Förderung eines friedlichen Miteinanders in der Welt, den wir schon zweimal unter der Schirmherrschaft des Bundespräsidenten verliehen haben, in Frage kommt.

Tischrede

Lord Weidenfeld

Hardenberg Concept ist ein Begriff. Er steht für das Werk und Wirken einer außergewöhnlichen Persönlichkeit, die Grazie, Eleganz, Begabung, das Gefühl für wahre Freundschaft, Geselligkeit und souveränes Wissen um alles, was man unter guter Gesellschaft im wahrsten Sinne des Wortes versteht, besitzt. Und all dies neben wahrem Geschäftssinn, Verlässlichkeit und Integrität.

Der Schlüssel zum Erfolg ihrer Karriere als geniale Unternehmerin ist die perfekte Hausfrau in ihr. Isa von Hardenberg ist heute eine der wenigen Erben der Zunft von jenen Frauen, die in ihrem Zuhause in Berlin die Tradition der politischen und literarischen Salons seit den Zeiten der Aufklärung bis zum Ende der Weimarer Periode pflegten. Für das gesellschaftliche Berlin, das nach Jahrzehnten eines erzwungenen Dornröschenschlafs wieder in Etappen über eine deutsche Hauptstadt zur europäischen Weltstadt wurde, hat Gräfin Hardenberg zu Recht eine entscheidende Rolle gespielt.

Politiker, Wirtschaftsführer, Diplomaten, Künstler und Akademiker aus der Bundesrepublik treffen sich in ihrem Salon mit bedeutenden ausländischen Gästen. Für viele Berlin-Besucher aus Texas, den Golf-Emiraten, Großbritannien oder dem Nahen Osten eröffnet Isa von Hardenberg, privat oder als Unternehmerin und Gründerin von Hardenberg Concept, durch anregende Kontakte und bemerkenswerte Veranstaltungen alles was interessant, wichtig und öfters nur schwer zugänglich ist.

Hardenberg Concept ist Event Management par excellence – verlässlich, einfallsreich und erfolgsträchtig. Isas Ruf als Organisatorin, ihr Verantwortungsbewusstsein und die hohe Qualität ihrer Mitarbeiter sind weit über die Grenzen Berlins hinaus bekannt. Denn Hardenberg Concept hat, wie ich persönlich miterleben durfte, besonders ambitiöse Veranstaltungen in Hamburg, München, Frankfurt, aber auch in Rom, Paris und anderen Orten ausgerichtet.

Stil und Inhalt ihrer Events – ob es sich um politische Konferenzen, persönliche Feiern und Jubiläen oder wichtige, elegante gesellschaftlicher Zusammenkünfte handelt – ergeben nach meiner Meinung, die von unzähligen Freunden spontan geteilt wird, ein Impressum, auf das die Gründerin, ihre Kollegen und Kolleginnen aller Bescheidenheit zum Trotz wahrhaftig stolz sein können und sich zu diesem 20. Jubiläum aus vollem Herzen gratulieren lassen dürfen.

Aller Anfang ist Planung

Fragen von Marie Waldburg

Wie sieht die ideale Gästeliste aus? Worauf muss ich beim Zusammenstellen der Gästeliste achten?

Man sollte eine interessante Mischung aus unterschiedlichen Berufen zusammenstellen, jung und alt, seriös und kreativ, und Menschen zusammenführen, die füreinander interessant sind. Ein Überraschungsgast ist immer gut.
Lädt man jemanden ein, den man bei einer anderen Privatveranstaltung kennen gelernt hat, sollte man dessen Gastgeber ebenfalls einladen.

Welches Datum ist günstig für eine Einladung?

Sparen Sie die Ferienzeit aus – es sei denn, Sie laden ganz spontan die Daheimgebliebenen in Ihren Garten ein. Auch an einem Brückenwochenende werden Sie möglicherweise viele Absagen bekommen.
Gibt es viele Parallelfeste? Sind alle müde, weil am Ende der Saison? Ein guter Termin wäre Ende Januar – da haben alle wieder Lust und sind aus den Weihnachtsferien zurück und Ende April, aber nicht zu dicht an Ostern oder Ende August bevor es im September wieder richtig los geht. Möchten Sie in Berlin Bundestagsabgeordnete einladen? Dann sollten Sie darauf achten, dass Ihr Fest in den Sitzungswochen liegt.

Was muss ich bei Einladungen beachten?

Bei offiziellen Anlässen empfiehlt sich ein konventioneller Text mit handgeschriebenen korrekten Namen und Titeln.

Bei Abendveranstaltungen sollte der Dresscode nicht fehlen wie „dunkler Anzug", „Smoking" oder „Frack" und der Zusatz u.A.w.g. bzw. R.s.v.p.

Wenn man bei kleineren Abenden keinen „Save the Date-Letter" verschickt, sollte man Gästen, auf die man besonderen Wert legt, die Einladung telefonisch ankündigen, bevor man sie schriftlich herausschickt. Das hat den Vorteil, dass man Zu- und Absagen sofort erfährt und entsprechend die Liste erweitern kann.

Bei eleganten platzierten Einladungen ist auch ein kleiner Erinnerungsanruf am Vortag nützlich, um die verhassten „No Shows" zu vermeiden.

Hilfreich für den Gastgeber ist es, eine Antwortfrist anzugeben, also ein Datum bis zu dem die Antwort eintreffen sollte. So können eventuell weitere Gäste nachgeladen werden. Daher nicht vergessen, einen Teil der Einladungen ohne Antwortdaten drucken zu lassen, um entsprechend flexibel zu bleiben.

Haben Sie nur zum Telefonhörer gegriffen, um spontan einige Gäste einzuladen, empfiehlt sich trotzdem eine schriftliche Erinnerungskarte mit

dem Zusatz p.m (pro memoriam) statt u.A.w.g zu versenden.

Wie lange vorher sollte ich einladen?
Kleine Einladungen an den Küchentisch oder zum zwanglosen Brunch können zwei Wochen vorher ausgesprochen werden.
Cocktaileinladungen sollten 4-6 Wochen vorher verschickt werden.
Bei größeren Festen empfiehlt sich die „Save the Date"-Ankündigung ca. 2-3 Monate im Voraus zu verschicken, damit die Daten schon einmal geblockt sind. Die Einladung muss dann erst vier Wochen vor dem Event herausgeschickt werden.

Sollte es ein Motto geben?
Inzwischen haben erfolgreiche Feste oft ein Motto oder einen originellen Dresscode. Von der Einladung bis zu Dekoration, zu Blumen, Speisen und Getränken – alles sollte zueinander passen und sich wie ein roter Faden durch den Abend ziehen. Die Gäste müssen sich ein wenig darauf vorbereiten und Gedanken machen und gehen mit einer anderen Erwartungshaltung und „Amüsierbereitschaft" dorthin als bei einer 08/15 Veranstaltung. Beliebt sind zum Beispiel die „Roaring Twenties" mit Casinotischen, dem Stil von „Cotton Club", mit Zigarren und passender Musik. Ich persönlich mag auch Filmthemen wie „La Dolce Vita" oder „Frühstück bei Tiffany" oder wählen Sie einfach witzige Dresscodes wie „hysteric glamour", „dramatically different", „bling bling", „get your pearls girls", „dress to impress", „be glam" oder „dirty thirty".

Selber kochen oder Partyservice bestellen?
Das hängt vom Können und den Nerven des Gastgebers ab. Natürlich ist ein selbst gekochtes Essen persönlicher und kann dem Abend eine besondere Note geben, wenn es nicht zu lange dauert und der Gastgeber nicht nur in der Küchen stehen muss. Eine Faustregel: ca. 8 – 10 Leute sind von einem geübten Hobby-Koch locker zu bewältigen. Ab ca. 15 Leuten ist jedoch ein Profi am Herd ratsam. Schließlich sollte man dem studentischen Flair irgendwann mal entwachsen sein. Die Gäste brauchen eine entspannte Gastgeberin! Bitte unbedingt ein Probeessen mit dem Caterer vereinbaren.

Was muss ich bei einem Menü beachten?
Empfehlenswert ist eine Vorspeise, ein Hauptgang und ein Dessert – also nur ein Dreigangmenu, das nicht länger als anderthalb bis zwei

Stunden dauert. Das Menu sollte der Jahreszeit entsprechen: keine Erdbeeren zu Weihnachten oder Kohlroulade im Hochsommer.
Vegetarische Alternativen sollten immer bereit gehalten werden.
Dessertbuffets sind ein gutes Mittel, um die Gäste miteinander in Kontakt zu bringen. Viele sind dankbar, wenn sie nicht zu lange am Tisch sitzen müssen.
Auch der Kaffee sollte nicht am Tisch serviert werden, damit die Gäste Gelegenheit haben, sich mit den übrigen Teilnehmern rasch zu mischen. Außerdem werden Digestifs angeboten, wie Cognac und Obstschnaps sowie kleine Pralinés und natürlich Wasser und Wein.

Ist eine Tischordnung wichtig?
Eine Tischordnung ist für den Erfolg des Abends das A und O. Sie kennen Ihre Gäste und sollten sehen, dass jeder Gast einen für ihn interessanten Gesprächspartner bekommt. Ohne Tischordnung säßen im Nu alle Freunde zusammen und neue Bekanntschaften wären ausgeschlossen.
Ehepaare auf alle Fälle nicht nebeneinander setzen!

Wie nehme ich die Platzierung vor?
Die Platzierung kann mit Tischführkarten auf dem Name und Tischnummer eingetragen sind erfolgen, oder es besteht „free seating", also keine Tischordnung.
Bei großen Veranstaltungen gibt es auch die Möglichkeit eine große Platzierungstafel aufzustellen auf der die Namen mit den zugeteilten Tischnummern stehen. Auf dem Tisch werden an den Plätzen Tischkarten eingesetzt.
Man sollte immer extra Tischkarten und einen Reservetisch für Überraschungsgäste einplanen.

Wie viele Servicekräfte muss ich beschäftigen?
Sparen Sie nicht am Service-Personal! Berge von nicht abgeräumten Geschirr auf den Tischen oder hungrige Gäste, die sich um jedes

Cateringtablett scharen, sind Stimmungstöter. Schade auch wenn Dinnergäste ewig auf den nächsten Gang warten müssen.

Faustregel für elegante Abendessen ist eine Servicekraft für 8-10 Gäste.

Bei Cocktails und Empfängen eine Kraft für maximal 15 Gäste.

Außerdem freundliche junge Damen zum Öffnen der Tür, Blumen und Geschenke abnehmen und für die Garderobe.

Gibt es Empfehlungen für die Tischdekoration?
Der Kreativität sind hier keine Grenzen gesetzt, solange man sein Gegenüber noch sehen kann, also wählen Sie möglichst eine originelle, mottobezogene oder dem Anlass entsprechende Tischdekoration. Bei einem Essen mit Golfern kann ein Golf-Green mit kleinen Sandbunkern die Mitte des Tisches zieren, bei einem Autoren-Dinner können es Stapel antiker Bücher sein oder eine mit Titeln bedruckte Tischdecke. Kerzen oder kleine Lichter sollten stets dabei sein.

Muss ich die Gäste untereinander vorstellen?
Das Vorstellen der Gäste untereinander ist sehr wichtig. Möglichst mit kleinen persönlichen Bemerkungen zu jedem einzelnen Gast. Man selbst stellt sich nur mit Vor- und Nachnamen

vor und lässt akademische Titel und Adelstitel fallen. Es liegt an der Geschicklichkeit des Gastgebers, die Gäste so miteinander bekannt zu machen, dass gleich eine gute Unterhaltung leicht fällt.

Herren werden den Damen vorgestellt. (Ausnahme sehr junge Mädchen). Damen werden hochgestellten Persönlichkeiten vorgestellt. Der Jüngere wird dem Älteren vorgestellt.

Wie bringt man Gespräche in Gang?
Mit Themen, die eine aktuelle Brisanz haben, bei denen möglichst viele mitreden können. Eine Mischung aus aktuellem Zeitgeschehen, Politik und Kultur. Das kann ein gesellschaftliches Ereignis oder eine spektakuläre Ausstellung sein, das kann auch ein witziges Erlebnis auf der Hinreise zu dem Event sein. Auch geschickt provozierende Fragen können eine Unterhaltung ankurbeln.

Müssen die Gäste zum Rauchen auf den Balkon?
Geraucht werden darf nur mit Erlaubnis der Hausfrau. Ansonsten ist der Balkon eine gute Alternative.

Was bringe ich als Gast mit?
Der elegante Gast schickt Blumen vor oder nach dem Event. Möglichst nicht am Abend mitbringen.
Es ist wichtig, sich über die Interessen des Gastgebers vorab Gedanken zu machen. Hat er ein Hobby oder interessiert er sich für Kunst oder Literatur? Oder auch einfach nur ein Glas selbstgemachte Marmelade schenken.

Was tun mit Gästen, die sich festsetzen?
Ich halte es für einen Fauxpas, die Gäste deutlich zum Gehen aufzufordern. Es ist das Los des Gastgebers, aufzubleiben, bis die Letzten gegangen sind. Ein kleiner Kunstgriff ist jedoch die Frage, was sie am nächsten Tag so vorhaben. Manch einer erinnert sich dann plötzlich an einen wichtigen Termin und ist schneller aus der Tür als erwartet. Und zur allergrößten Not erwähnt man selbst, wann man am nächsten Morgen aufstehen muss.

Welche Gefahren lauern?
Zu wenige Gäste in zu vielen oder zu großen Räumen, besser eng zusammen bleiben.
Zu langes Essen, zu lange Reden, schlechte Tischordnung.

Auf welche Floskeln sollte man verzichten?
„Guten Appetit", „Mahlzeit", „Gesundheit", „Prost", „angenehm", „sehr erfreut", „lecker", „hat's geschmeckt?".

Wann sind Sie als Gastgeberin zufrieden?
Wenn der Abend zu den Einladungen zählt, die der Gast ein Leben lang in Erinnerung behält.

Linke Seite:
Max Mara Dinner
im Pergamon Museum

Dank

Isa Gräfin von Hardenberg

Mein besonderer Dank gilt den Autoren, die sich spontan bereit erklärt haben, ihre Sicht auf das Berlin der letzten zwei Jahrzehnte zu schildern.

Sehr herzlicher Dank auch an die Fotografen, die alle ihre wunderbaren Bilder großzügig zur Verfügung stellten und dadurch das Projekt erst möglich gemacht haben.

Ebenfalls bedanken möchte ich mich bei Medienanwalt Alexander Graf von Kalckreuth für seine Beratung, fusion publishing für die fantastische Zusammenarbeit bei der Herstellung dieses Buches. Dank auch dem teNeues Verlag.

Dass die Fülle von Texten, Bildern, Statements und Anekdoten am Ende tatsächlich noch zu einer Einheit wurde, ist dem unermüdlichen und engagierten Hardenberg Concept Team zu verdanken. Dank für die langen Nächte, Wochenenden und die Leidenschaft, die Ihr in das Buch gesteckt habt!
Allen voran danke ich unserer „Pressechefin" Christine Bücken, die kompetent und charmant die kommunikative Schnittstelle zwischen allen Beteiligten bildete und „Bildchefin" Catalina Rapeanu, die mit großem Engagement und viel Geduld für die Photos und Layouts zuständig war, und meiner Nachfolgerin in der Geschäftsführung Dorothea von Eberhardt, die mit hohem Einsatz, viel Schwung und Kreativität dieses Projekt begleitet hat.

Die Autoren

Wolf Bauer
Produzent und Vorsitzender Geschäftsführer der UFA

Prof. Dr. h. c. Roland Berger
Chairman der Roland Berger Strategy Consultants Holding GmbH

Joachim Bessing
Ressortleiter Stil der WELT am SONNTAG

Dr. Elisabeth Binder
Autorin, Kolumnistin und Redakteurin für besondere Aufgaben beim TAGESSPIEGEL

Christine Bücken
Public Relations Managerin, Hardenberg Concept

Sabine Christiansen
Moderatorin und Produzentin

Dorothea von Eberhardt
Geschäftsführerin Hardenberg Concept

Inga Griese
Autorin, Redaktionsleiterin
WELT, WELT am SONNTAG, ICON

Prof. Jo Groebel
Direktor „Deutsches Digital Institut Berlin"

Tita von Hardenberg
Journalistin, TV-Produzentin und Moderatorin

Prof. Wolfgang Joop
Modeschöpfer Wunderkind

Dieter Kosslick
Direktor der Internationalen Filmfestspiele Berlin

Dr. Florian Langenscheidt
Unternehmer und Publizist

Katharina von der Leyen
Journalistin und Autorin

Dr. Ulf Poschardt
stellv. Chefredakteur der WELT am SONNTAG

Prof. Dr. Peter Raue
Rechtsanwalt und „Anwalt der Künste"

Marco Rechenberg
Autor

Patricia Riekel
BUNTE-Chefredakteurin, Herausgeberin Burda Style Group

Volker Schlöndorff
Filmregisseur

Patrizia Schueler
Journalistin und TV Moderatorin

Prof. Dr. Christoph Stölzl
Historiker und Publizist

Knut Teske
Autor, langjähriger Leiter der Axel-Springer-Journalistenschule

Mario Testino
Fotograf

Marie Gräfin Waldburg
Journalistin und Society Expertin

Lord Weidenfeld
Verleger und Diplomat

Prof. Regina Ziegler
Filmproduzentin

Im Mittelpunkt

Bryan Adams, Hans Peter Adamski, Michèle Adamski, Mario Adorf, Mariella Ahrens, Graf Patrick von Faber Castell, Lucia Aliberti, Franziska van Almsick, Jürgen Harder, Dirk Alt, Busso von Alvensleben, Kathy von Alvensleben, Marie Amière, Marietta Andreae, Prinzessin Sabine von Anhalt, Karan Armstrong, Manuela Stehr, Stefan Arndt, Florine Asch, Nadja Auermann, Prinz und Prinzessin Karl von Auersperg-Breunner, Michael Aufhäuser, Elvira Bach, Rosalind Baffoe, Dr. Arno Balzer, Dr. Gioacchino del Balzo di Presenzano, Maestro Daniel Barenboim, Prof. Dr. Arnulf Baring, Gabriele Baring, Rowan Barnett, Pamela Barnett, Till Bartelt, Ann-Katrin Bauknecht, Manfred und Katharina Baumann, Marie Bäumer, Prinz und Prinzessin Leopold von Bayern, Peter Beard, Barbara Becker, Dr. Gabriele Begum Inaara Aga Kahn, Giselbert Behr, Michael und Cornelia Behrendt, Lilo Benecke, Axel Benz, Iris Berben, Oliver Berben, Prof. Dr. Roland Berger, Karin Berger, Senta Berger-Verhoeven, Dr. Michael Verhoeven, Dr. Heinz Berggruen, Konrad O. Bernheimer, Barbara Bernheimer, Blanca Bernheimer, Gräfin Marie-Luise von Bernstorff, Graf Nikolas von Bernstorff, Daniela Bruns, Isabella von Bethmann-Hollweg, Ingrid Biedenkopf, Ministerpräsident a.D. Prof. Dr. Kurt Biedenkopf, Jeanette Biedermann, Detlef und Gabriele Bierbaum, Oliver Bierhoff, Madlen G. Bilges, Hans-Erich Bilges, Dr. Elisabeth Binder, Professor Dr. Alfred Biolek, Susanne Birkenstock, Fürst Ferdinand von Bismarck, Fürstin Elisabeth von Bismarck, Gräfin Gunilla von Bismarck, Graf Maximilian von Bismarck, Graf und Gräfin Carl-Eduard von Bismarck, Kolja und Laura von Bismarck, Dr. Sylvester von Bismarck, Natalie von Bismarck, Martine Bitterlich, Angelika Blechschmidt, Prof. Michael Blumenthal, Wendelin und Brigitte von Boch, Wilhelm von Boddien, Gero und Christiane von Boehm, Peter Boenisch, Susanne Boenisch, Karlheinz und Almaz Böhm, Suzanne von Borsody, Gerd und Wendula von Brandenstein, Cord-Henning Brandes, Dorit Brandwein-Stürmer, Prof. Michael Stürmer, Sabine Brauer, Dr. Alice Brauner, Botschafter a.D. Leopold Bill von Bredow, Amia von Bredow, Evelyn Bresser, Klaus Bresser, Dr. Ernst Breuel, Birgit Breuel, Dr. Nikolaus Breuel, Britta Breuel, Irene Bringmann, Daniel Brühl, Baron und Baronin Wolf von Buchholtz, Christine Bücken, Professor Hermann Bühlbecker, Tanja Bülter, Prof. Dr. Hubert Burda, Dr. Maria Furtwängler-Burda, Anna de Carlo, Dr. Valentin Chapero, Susanne Christians, Dr. Volker Christians, Sabine Christiansen, Prof. Dr. Utz Claassen, Reimer Claussen, Dr. Hans-Jörg Clement, Bundesminister a.D. Dr. Wolfgang Clement, Arthur Cohn, Ruth Cornelsen, Michael Cramer, Bettina Cramer, Dr. Gerhard Cromme, Stephanie Czerny, Jean K. und Marylea van Daalen, Catherine Deneuve, Marc-Aurel von Dewitz, Kai Diekmann, Dr. Katja Kessler, Eberhard Diepgen, Freiherr und Freifrau Leopold von Diergardt, Dr. Christiane Döllekes, Dr. Hans-Peter Döllekes, Joseph H. Domberger, Michael Dommes, Dr. Mathias Döpfner, Ulrike Döpfner, Prof. Dr. Hartmut Dorgerloh, Graf und Gräfin Dr. Christoph Douglas, Guenther K. Drechsler, Gloria Drechsler, Graf Benedikt von Dürckheim, Graf Hieronymus von Dürckheim, Heide Dürr, Dr. Heinz Dürr, Peter Dussmann, Catherine von Fürstenberg-Dussmann, Dorothea von Eberhardt, Rolf und Hanne Eckrodt, Dr. Michael Eissenhauer, Jürgen und Gabriele Engert, Victor und Sandra Erdmann, Dr. Hubertus Erlen, Anna-Maria Erlen, Graf und Gräfin Richard zu Eulenburg, Marie-Jeanette Ferch, Heino Ferch, Prof. Dr. Bernd Fahrholz, Carola Ferstl, Anton Vogelmaier, Alexander Fest, Bundesminister a.D. Dr. Joschka Fischer, Minu Barati-Fischer, Dr. Corinne Flick, Dr. Friedrich Christian Flick, Maya Flick, Sir Norman Foster, Dr. Michael Frenzel, Dr. Peter Frey, Hartmut Fromm, Dr. Inge Groth-Fromm, Joachim Fuchsberger, Fürst Heinrich von Fürstenberg, Fürstin Milana von Fürstenberg, Wolfgang Fürstner, Prof. Klaus Fußmann, Barbara Fußmann, Florian Gallenberger, Richard Gaul, Sibylle Zehle-Gaul, Werner Carl Gegenbauer, Jennifer Gehrmann, Bob Geldof, Bundesminister a.D. Dr. Hans-Dietrich Genscher, Dr. Manfred Gentz, Nicola Gerber-Maramotti, Dr. Georg Girardet, Dr. Cella Girardet, Uschi Glas, Vadim Glowna, Wolfgang Goebel, Dr. Christian Göke, Thorsten Gohlke, Sir Ronald Grierson, Anna von Griesheim, Prof. Jo Groebel, Grit Weiss, Nadja von Grone, Eckbrecht und Isabelle von Grone, Johannes Groß, Dr. Jürgen Großmann, Barbara Groth, Prof. Monika Grütters, Prof. Johannes Grützke, Béatrice Guillaume-Grabisch, Michael Gumpp, Dr. Thomas Guth, Amélie Guth, Stephanie Freifrau zu Guttenberg, Ferdinand von Habsburg und Tita von Hardenberg, Erzherzogin Ludmila von Österreich, Jan von Haeften, Christoph Hagel, Baronesse Anna von Hahn, Baron Friedrich von Hahn, Dr. Karl Baron von Hahn, Baronin Marion von Hahn, Prof. Dr. Carl Horst Hahn, Marisa Hahn, Evelyn Hamann, Leila Hamid, Michael Haneke, Familie Hardenberg, Suzanne Harf, Kirsten Harms, Dr. Volker Hassemer, Gräfin Verena von Hatzfeldt-Dönhoff, Jan Hausberg, Xenia Hausner, Prof. Thomas Heilmann, Ulrich und Christine von Heinz, Dr. Harald Heker, André Heller, Graf Florian Henckel von Donnersmarck, Prof. Gabriele Henkel, Prof. Dr. Bettina Hannover, Prof.Dr. Hans Olaf Henkel, Ernst-Theodor Henne, Renate Thyssen-Henne, Dr. Jürgen Heraeus, Rafael Herlich, Thomas Hermanns, Henry Herrmann, Prinzessin Tatjana von Hessen, Rudolf Hetzel, Heidi Hetzer, Prof. Dr. Roland Hetzer, Klaus und Ingrid von der Heyde, Dr. Tessen von Heydebreck, Anja Heyne, Dr. Eckhart von Hirschhausen, Frederike Hodde, Prof. Dr. Hilmar Hoffmann, Dr. Markus Hoffmann, Martin Hoffmann, Prinzessin Feodora zu Hohenlohe, Graf Carl von Hohenthal, Prinz und Prinzessin Ferdinand von Hohenzollern, Prof. Gertrud Höhler, Richard Holbrooke, Wolfgang Hölker, Siggi Spiegelburg-Hölker, Daniel Hope, Rebecca Horn, Susanne Horstmann, Graf und Gräfin Dr. Martin Hoyos, Prof. Jürgen Hubbert, Bischof Dr. Dr. Wolfgang Huber, Kara Huber, Sophie Hummelt, Joachim Hunold, Fred und Ellen Hürst, Maybrit Illner, René Obermann, Stephan und Ulrike Interthal, Botschafter a.D. Wolfgang Ischinger, Jutta Falke-Ischinger, Anno August Jagdfeld, Anne Maria Jagdfeld, Nikolaus Jagdfeld, Barbara Jänichen, Günther und Dorothea Jauch, Isabel von Jena, Dr. Joseph Joffe, Dr. Christine Brink, Prof. Wolfgang Joop, Jette Joop, Christian Elsen, Henrik Jordan, Hans-Ulrich Jörges, Harald Juhnke, Susanne Juhnke, Renate Rodrian-Jungen, Peter Jungen, Michael Käfer, Graf Alexander von Kalckreuth, Gräfin Tamara von Nayhauß, Alexandra Kamp, Heiner Kamps, Dijana Kamps, Astrid Kappelhoff-Wulff, Dr. Bardia Khadjavi-Gontard, Kyros Khadjavi, Bettina Khano, Linda Kilisli, Sonja Kirchberger, Barbara Kisseler, Udo Kittelmann, Stefan Kiwit, Werner Klatten, Anja Kling, Gerit Kling, Dr. Vladimir Klitschko, Steffen Klusmann, Charlotte Knobloch, Iris Knobloch, Joachim Knodt, Ingeborg Knopp, Prof. Dr. Werner Knopp, Franziska Knuppe, Anja Koch, Dr. Silvana Koch-Mehrin, Dr. Eberhard von Koerber, Björn Koetter, Klaus Peter Kofler, Gräfin Nessrin zu Königsegg, Graf Maximilian zu Königsegg, Hendrijke Kopp, Hilmar Kopper, Botschafter a.D. John C. Kornblum, Dieter Kosslick, Prof. Ernst Kraas, Dr. Susanne Kraas, Außenminister Bernard Kouchner, Stefan Krempl, Klaus Krone, Dr. Pia Krone, Dieter Kronzucker, Ernst-Moritz Krossa, Franziska Krug, Manfred Krug, Nanna Kuckuck, Dr. Walter Kuna, Dr. Bernd Kundrun, Andreas Kurtz, Prof. Heino Küster, Regina Küster, Prof. Dr. Manfred Lahnstein, Sonja Lahnstein-Kandel, Gräfin Gitta Lambsdorff, Botschafter a.D. Hagen Graf Lambsdorff und Gräfin Ruth Lambsdorff, Graf und Gräfin Dr. Otto Lambsdorff, Cornelia Lamotte, Christian Langbein, Dr. Florian Langenscheidt, Miriam Friedrich, Alexandra Maria Lara, Vicky Leandros, Prof. Dr. Klaus Lehmann, Lisa Lehmann, Gräfin Veruschka von Lehndorff, Dr. Jürgen Leibfried, Serap Dolu-Leibfried, Dr. Walther Leisler Kiep, Prof. Agi Schründer-Lenzen, Univ. Prof. Dr. Dieter Lenzen, Sean Lennon, Peter Lewandowski, Michael Lewis, Daniel Libeskind, Jan Josef Liefers, Anna Loos-Liefers, Peter Limbourg, Katharina Limbourg, Dr. Beate Lindemann, Udo Lindenberg,

Malo Lindgens, Ann Kathrin Linsenhoff, Klaus-Martin Rath, Baronesse Caroline von Linsingen, Prof. Dr. Rudolph Prinz zur Lippe, Giovanni di Lorenzo, Peter Lübbert, Jan Kerhart, Sandra Maischberger, Heike Makatsch, Franziska von Malaisé, Baronin Ingeborg von Maltzahn, Baronin Nina von Maltzahn, Baron Lothar von Maltzahn, Annabelle Mandeng, Klaus Mangold, Stefan Mannes, D. Alvaro Marichalar, Mariel Marohn, Botschafter a.D. Jean-Claude Martin, Judith Martin, Michele Martucci, Violetta Wojnowski, Dr. Erich Marx, Henry Maske, Stefan Mathieu, Ulrich Matthes, Wolfgang Mayrhuber, Tom Meggle, Hartmut Mehdorn, Nova Meierhenrich, Klaus Meine, Wolfgang Menge, Friedrich Merz, Antoinette Mettenheimer, Alexander Mettenheimer, Nadja Michael, Enie van de Meiklokjes, Friedrich und Sylvia von Metzler, Ulrich Meyer, Georgia Tornow, Philipp Mißfelder, Rosi Mittermaier, Liz Mohn, Dr. Brigitte Mohn, Ralf Möller, Barbara Monheim, S.E. Botschafter Comte Bernhard de Montferrand, Comtesse Catherine de Tavernost, Dr. Djawad Moschiry, Staatssekretär a.D. Siegmar Mosdorf, Isolde Krupok, Volker Mühleisen, Walter Müller, Carolin Müller-Dendler, Axel M. Müller-Vivil,Cornelia Müller-Vivil, Moritz Müller-Wirth, Michael und Ulrike Munte, Franziska von Mutius, Staatsminister a.D. Prof. Dr. Michael Naumann, Dr. Marie Warburg, Gräfin Sabine von Nayhauß, Graf Mainhardt von Nayhauß, Hanns Peter Nerger, Erika Neukirchen, Dr. Karl Josef Neukirchen, Desirée Nick, Staatsminister a.D. Prof. Dr. Julian Nida-Rümelin, Bernadette von Nordenskjöld, Botschafter a.D. Fridtjof von Nordenskjöld, Senator Dr. Ulrich Nußbaum, Timm Oberwelland, Anna Oetker-Oberwelland, Natasha Ochsenknecht, Uwe Ochsenknecht, Dr. Jutta Odewald, Dr. Jens Odewald, Eva Oertwig, Alexandra Oetker, Dr. Arend Oetker, Dr. Brigitte Oetker, Julia Oetker, Maya Oetker, Graf und Gräfin Marcus von Oeynhausen-Sierstorpff, Torsten Oltmanns, Gräfin Diana von Hohenthal-Oroschakoff, Haralampi Oroschakoff, Hartmut und Dagmar Ostrowski, Kristin Otto, Dr. Michael Otto, Christel Otto, Benjamin Otto, Prof. Dr. Hans Ottomeyer, Gerhard und Sandra Pabst, Irina Pabst, Eva Padberg, I.K.M. Farah Pahlavi, Christina Papendick, Prof. Dr. Dr. Hermann Parzinger, Bastian Pastewka, Patrice, I.M. Pei, Senatorin a.D. Dr. Lore Maria Peschel-Gutzeit, Lorenzo Peters, Isabel Pfeiffer-Poensgen, Kai Pflaume, Parl. Staatssekr. a.D. Dr. Friedbert Pflüger, Dr. Hartwig Piepenbrock, Maria-Theresia Piepenbrock, Prof. Dr. Heinrich von Pierer, Annette von Pierer, Heinz H. und Ursula Pietzsch, Peter-Christian Pistor, Botschafter a.D. Bernhard Edler von der Planitz, Gisela Edle von der Planitz, Oliver Pocher, Bundesbankpräsident a.D. Karl Otto Pöhl, Dr. Ulrike Pöhl, Prof. Dr. Klaus Pohle, Carmen Pohle, Alexandra Polzin, Anja Popovic, Graf Sylvius von Posadowsky, Inge Posmyk, Prinz Georg-Friedrich von Preußen, Prinz Wilhelm-Karl von Preußen, Graf und Gräfin Hermann von Pückler, Contessa Rosanna Donà Dalle Rose, Botschafter a.D. Antonio Puri Purini, Corentin Quideau, Baron Simon de Pury, Max Raabe, Judith Rakers, Lara Ramien, Heinrich und Annette von Rantzau, Catalina Rapeanu, Maestro Sir Simon Rattle, Karl Ratzek, Prof. Dr. Peter Raue, Gräfin Andrea von Bernsdorff, Tim Raue, Ursula Raue, Peter Raumann, Hubertus Regout, Dr. Armgard von Reden, Alexandra Freifrau von Rehlingen-Prinz, Dr. Wolfgang Reitzle, Nina Ruge, Petra Husemann-Renner, Tim Renner, Ingrid Rexrodt, Günter Rexrodt, Brigitte von Ribbentrop-Trotha, Joachim und Gabriele von Ribbentrop, Patricia Riekel, Moritz Rinke, Yvonne Rischke, Reinhold Robbe, Dr. Jörg Rockenhäuser, Oskar Röhler, Dr. Hergard Rohwedder, Carlo Rola, Dennenesch Zoudé, Evelyn Roll, Thaddaeus Ropac, W. Michael Ropers, Manuela Roth, Prof. Dr. Martin Roth, Rafael Roth, Winfried Rothermel, Gräfin Tini von Rothkirch, Dr. Hermann Rudolph, Dr. Sybille Blomeyer-Rudolph, Elisabeth Ruge, Max Dudler, Thomas Rühle, Olga Rühle, Nicolas Ruland, Tina Ruland, Jessica Rüping, Urban Ruths, Prinzessin Elisabeth von Sachsen-Weimar, Jesus Sainz, Baronin Esther von Salis-Samaden, Christiane zu Salm, Jil Sander, Dickie Mommsen, Otto Sander, Monika Hansen, Senator a.D. Dr. Thilo Sarrazin, Jochen Sattler, Siegfried und Gunny von Saucken, Prinzessin Irina zu Sayn-Wittgenstein, Prinz und Prinzessin Louis-Ferdinand zu Sayn-Wittgenstein, Donata Schaefer, Elfie Schau, Jürgen Schau, Fürstin Benita zu Schaumburg-Lippe, Fürst und Fürstin Alexander zu Schaumburg-Lippe, Barbara Scheel, Bundespräsident a.D. Dr. Walter Scheel, Gisela von Schenk, Christian und Dawn Schenk, Clemens Schick, Dr. Etta Schiller, Linda Tatjana Schily, Bundesminister a.D. Otto Schily, Kerstin Schilly, Prinzessin Ingeborg zu Schleswig-Holstein, Nikolaus Broschek, Volker und Angelika Schlöndorff, Dr. Michael Schlößer, Manfred Schmidt, Staatssekretär André Schmitz, Andrea Schoeller, Prof. Peter Scholl-Latour, Eva Scholl-Latour, Prinz und Prinzessin Sebastian von Schönaich-Carolath, Minister Jörg Schönbohm, Graf Alexander von Schönburg, Prinzessin Irina von Hessen, Barbara Schöneberger, Gerhard Schöningh, Alexandra Schörghuber, Katarina Schröder, Hans-Reiner Schröder, Senatorin a.D. Karin Schubert, Patrizia Schueler, Dr. Robert Schuler-Voith, Birgit Schuler-Voith, Gerd und Irene Schulte-Hillen, Axel Schultes, Bernd Schultz und Freifrau Mary-Ellen von Schacky-Schultz, Hajo Schumacher, Tina Schürmann, Prof. Dr. Peter-Klaus Schuster, Sophie Schütt, Prof. Dr. Gesine Schwan, Prof. Dr. Peter Eigen, Jessica Schwarz, Alice Schwarzer, Dana Schweiger, Til Schweiger, Dr. Klaus Schweinsberg, Dr. Eric Schweitzer, Dr. Axel Schweitzer, Prof. Dr. Burkhard Schwenker, Peter Schwenkow, Inga Griese-Schwenkow, Gräfin Sibylle Schwerin, Natalie Seeliger, Steffen Seibert, Homayra Sellier, Patrick Sellier, Heike Siebel, Dagmar Boeck-Siebenhaar, Prof. Dr. Klaus Siebenhaar, Giulia Siegel, Reinold Simon, Erich und Regine Sixt, Prof. Gary Smith, Paul und Gisèle Spiegel, Baron und Baronin Alexander von Spoercken, Dr. Friede Springer, Prof. Dr. Friedrich-Leopold Freiherr von Stechow, Ludwig Stoffel, Giovanna Stefanel-Stoffel, Oliver Steil, Michael und Barbara Stein, Botschafter a.D. Shimon Stein, Arne Stephan, Michael und Alexandra Stich, Anna Stoffers, Fürstin Maria zu Stolberg, Ministerpräsident a.D. Dr. Manfred Stolpe, Prof. Dr. h.c. Dieter Stolte, Petra Stolte, Senator a.D. Professor Dr. Christoph Stölzl, Bettina Stölzl, Gräfin Marie-Josée Strasoldo, Ekkehard Streletzki, Dr. Sigrid Streletzki, Klaus Strunz, Dr. Heinke Sudhoff, Botschafter a.D. Dr. Jürgen Sudhoff, Iwona Suliga, Bundestagspräsidentin a.D. Prof. Dr. Rita Süssmuth, Stefan Szczesny, Dagmar von Taube, Hendrik teNeues, Stephanie Gräfin Pfuel, Dr. Daniel Terberger, Herzogin Elizabeth in Bayern, Hannelore Thoma, Dr. Helmuth Thoma, Danièle Thoma, Fürstin Gloria von Thurn und Taxis, Botschafter a.D. William R. Timken, Sue Timken, Baronesse Amelie von Toll, Lady Angela Torry, Botschafter a.D. Sir Peter Torry, Jasmin Troll, Marco und Cecilia Tronchetti Provera, Dr. Jost von Trott zu Solz, Nora Tschirner, Prof. Sebastian Turner, Klaus Unrath, Ivan Strano, Ursula Vierkötter, Dr. Giuseppe Vita, Prof. Dr. Dieter Vogel, Jürgen Vogel, Brigitte Vogt, Dr. Uwe Vorkötter, Patrice Wagner, Gräfin Marie von Waldburg, Dr. Gertrud Walgenbach, Udo Walz, Baronin Alexandra von Wangenheim, Baron Christoph von Wangenheim, Nadine Warmuth, Dr. Ludolf von Wartenberg, Elisabeth von Wartenberg, Beate Wedekind, Dr. Wolf Wegener, Dr. Caroline Baronin von Weichs, Lord und Lady Weidenfeld, Nikolaus Weil, Julia von Weiler, Staatsministerin a.D. Prof. Dr. Christina Weiss, Christoph und Iris Wellendorff, Manfred Welzel, Oliver Wendel, Dr. Wim Wenders, Donata Wenders, Verena Werhahn, Heribert Werhahn, Torben Werner, Baron und Baronin Wolf von Werthern, Guido Westerwelle, Janine White, Jack White, Ulrich Wickert, Julia Jäckel-Wickert, Emanuela Wilm, Hayo Willms, Marie Therese Willms, Tobey Wilson, Isabel Witte, Stefan Witwicki, Klaus-Peter Wodarz, Felicitas Woll, Jörg Woltmann, Kerstin Woltmann-Rütter, Prof. Dr. Mark Wössner, Peter Würtenberger, Herzog und Herzogin Dr. Philipp von Württemberg, Alexandra Zampounidis, Karl-Richard Zanders, Wolfgang und Sylvia Zanders, Dr. Jürgen Zech, Wolf Gremm, Prof. Regina Ziegler, Tanja Ziegler, Vanessa von Zitzewitz

Personenverzeichnis Collagen

Abgebildete Personen von oben links nach unten rechts:

Seiten 32/33:

Ben Becker

Meret Becker

Artur und Maria Brauner

Otto Sander und Monika Hansen

Paul Kuhn

Harald Juhnke, Brigitte Mira, Günther Fitzmann

Rolf Eden und Freundin

Seiten 42/43:

Ruth Cornelsen, Barbara Groth, Friede Springer,
Prof. Dr. Agi Schründer-Lenzen

Dr. Arend Oetker, Michael Stein

Jil Sander

Ann Kathrin Linsenhoff, Klaus-Martin Rath

Dr. Martin Graf Hoyos, Prof. Dr. Klaus Pohle,
Prinz Louis-Ferdinand zu Sayn-Wittenstein-Berleburg

Jean K. van Daalen

Theresia Regouin Denot Medeiros, S.E. Botschafter José Artur Denot Medeiros

Sandra Pabst, Dr. Inge Groth-Fromm, Prinzessin Elisabeth von Sachsen-Weimar-Eisenach

Hayo Willms

Johanna von Boch, Nikolaus Jagdfeld

Ann-Kathrin Bauknecht, Isa von Hardenberg

Charlotte Knobloch

Heide Dürr, Dr. Heinz Dürr

Gloria Drechsler, Günther K. Drechsler

Prof. Dr. Dr. Carl Horst Hahn und Marisa Hahn

Dr. Karl Baron von Hahn

Dr. Karl Josef Neukirchen, Prof. Dr. Dieter H. Vogel, Hilmar Kopper

Dr. Volker C. Christians, Dr. Thomas Guth, Graf Andreas von Hardenberg, Rolf Eckrodt, Hanne Eckrodt

Wendula von Brandenstein, Gerd von Brandenstein

S.E. Botschafter Jean A. Welter, Irene Bringmann

Marie Amière, Hubertus Regout, Marietta Andreae

Heidi Hetzer

Prof. Christoph Stölzl und Bettina Stölzl

Dr. Sigrid Streletzki

Erika Freifrau von Diergardt, Leopold Freiherr von Diergardt, Mary Ellen Freifrau von Schacky-Schulz, Dr. Susanne Kraas, Prof. Dr. Ernst Kraas

Maybrit Illner, Eva Luise Köhler

Miriam Friedrich, Dr. Florian Langenscheidt

Prof. Peter Raue, Gräfin Andrea von Bernstroff

Irene Schulte-Hillen, Gerd Schulte-Hillen

Olivier Berggruen

Fürstin Maria zu Stolberg-Werningerode, Freiherr Alexander von Spoercken

Ursula Pietzsch, Heinz H. Pietzsch

Dr. Cella-Margretha Giradet

Carmen Pohle und Dr. Georg Giradet

Seiten 70/71:

Meret Becker

Karin Berger, Prof. Roland Berger, Klaus Mangold, Kirsten Mangold

Prof. Dr. Peter Raue, Prof. Franz Xaver Ohnesorg, Dr. Jens Odewald

Bundeskanzler Gerhard Schröder, Doris Schröder-Köpf, Frau Thierse, Bundestagspräsident Dr. h.c. Wolfgang Thierse

Isa von Hardenberg, Bürgermeister Klaus Wowereit

Bundesbankpräsident Dr. h.c. Karl Otto Pöhl, Prof. Hans Olaf Henkel

Bundeskanzler a.D. Helmut Schmidt

Dr. h.c. Hartwig Piepenbrock, Jean K. van Daalen

Christl Otto, Dr. Michael Otto

Bundesminister a.D. Jürgen Trittin, Bundesministerin a.D. Renate Künast, Bundesministerin Ulla Schmidt

Shawne Fielding, Botschafter Dr. Thomas Borer-Fielding

Ministerpräsident Clement, Prof. Dr. Hilmar Hoffmann, Prof. Gabriele Henkel

Dr. h.c. Marcel Reich-Ranicki, Friedrich Merz, Charlotte Merz

Prof. Dr. Werner Otto, Maren Otto

Dr. Else Beitz, Prof. Dr. Berthold Beitz

Bundesminister a.D. Dr. Otto Graf Lambsdorff

Dr. Hildegard Bräutigam, Dr. Hans Otto Bräutigam

Dr. h.c. Heinz Berggruen

Christina Rau, Bundespräsident Dr. Johannes Rau

Dr. h.c. Paul Spiegel

Freifrau Marianne von Weizsäcker, Bundespräsident a.D. Dr. Richard Freiherr von Weizsäcker

Bundesminister Joschka Fischer

Dr. Ron Sommer, Prof. Dr. Hubert Burda

Annette von Pierer, Prof. Dr. Dr. Heinrich von Pierer

Gräfin Alexandra Lambsdorff, Dr. Guido Westerwelle

Bundesminister Prof. Dr. Manfred Lahnstein,

Sonja Lahnstein-Kandel, Prof. Dr. W. Michael Blumenthal

Dr. André Schmitz, Frida Süßkind

Prof. Dr. Arnulf Baring, Dr. Hergard Rohwedder

Ministerpräsident Prof. Dr. Bernhard Vogel

Gerd Schulte-Hillen

Friedrich Merz

Dr. Gerhard Cromme, Bundesminister Dr. Wolfgang Clement

Prof. Dr. W. Michael Blumenthal, Frau Blumenthal,

Doris Schröder-Köpf, Bundeskanzler Dr. Gerhard Schröder

Dr. Michel Friedman, Bärbel Schäfer

Gabriele Baring, Prof. Dr. Arnulf Baring

Waltraud Ulshöfer, Fritz Kuhn

Dr. Mathias Döpfner, Ulrike Döpfner

Erich Sixt, Regine Sixt, Dr. Josef Joffe

Dr. Erich Marx, Annette von Rantzau

Bundeskanzler Dr. Gerhard Schröder, Doris Schröder-Köpf,

Staatsminister Prof. Dr. Julian Nida-Rümelin, Dr. Josef Joffe

Almut Hannover, Prof. Dr. Hans Olaf Henkel,

Prof. Dr. Bettina Hannover

Dr. Maria Furtwängler-Burda, Prof. Dr. Hubert Burda

Liz Mohn

Gregor Gysi, Staatssekretär Rezzo Schlauch

Seiten 134/135:

The Sirdar Ali Aziz, H.R.H. Princess Michael of Kent, John B.
Jetter, Irene Schulte-Hillen, Graf Andreas von Hardenberg,
Ministerpräsidentin Heide Simonis

Friede Springer, Ursula Raue, Eva Luise Köhler,
Isa von Hardenberg, Homayra Sellier

Dr. Florian Langenscheidt, Graf Andreas von Hardenberg

S.K.H. Dr. Philipp Herzog von Württemberg

Jette Joop, Prof. Wolfgang Joop

Julia von Weiler, Maybrit Illner

Senta Berger-Verhoeven, Dr. Michael Verhoeven

Renate Thyssen-Henne, Ernst Theodor Henne

Gero von Boehm, Friede Springer

Dr. Gabriele Inaara Aga Khan, Eva Luise Köhler

Bryan Adams, Isa von Hardenberg

S.K.H. Prinz Leopold von Bayern, Vicky Leandros

Baron Simon de Pury

Prinz Karl von Auersperg-Breunner, Jürgen Schau,
Prof. Dr. Alfred Biolek, Dr. Florian Langenscheidt, Dr. Friedrich
Christian Flick, John B. Jetter, Fürst Ferdinand von Bismarck,
Desirée Nosbusch, Anna Lane, Mel Lagomasino, Renate Thyssen-
Henne, Vivane Hagner, Nicole Hagner

Lord und Lady Weidenfeld

Schloß Charlottenburg

Michael Stich, Alexandra Stich

Fürstin Elisabeth von Bismarck, Fürst Ferdinand von Bismarck

Regine Sixt, Sabine Christiansen-Medus, Norbert Medus

Seiten 138/139:

Eva Padberg, Dr. Friedrich Christian Flick

Dana Schweiger

Volker Schlöndorff, Mario Adorf, Heino Ferch

Tanja Bülter, Nova Meierhenrich, Eva Padberg,

Jeanette Biedermann, Franziska Knuppe

Siggi Spiegelburg-Hölker, Wolfgang Hölker

Dr. Katja Kessler-Schwarz, Kai Diekmann

Dr. Marie-Caroline Baronin von Weichs

I.K.H. Herzogin Elizabeth in Bayern,

Graf Alexander von Kalckreuth, Gräfin Tamara von Kalckreuth

Prinzessin Ingeborg zu Schleswig-Holstein, Nikolaus Broschek

Prof. Dr. Hartmut Dorgerloh, Bürgermeister Klaus Wowereit,

Peter Schwenkow

Anastasia Zampounidis, Tina Ruland

Dr. Vitali Klitschko

Suzanne von Borsody, Bettina Cramer, Marco Schreyl

René Obermann, Maybritt Illner

Wendelin von Boch, Brigitte von Boch

Alexandra Oetker, S.K.H. Prinz Georg Friedrich von Preußen

Timm Oberwelland, Anna Oetker-Oberwelland

Christian Schenk, Dawn Maria Schenk

© 2009 teNeues Verlag GmbH + Co. KG, Kempen
© 2009 Isa von Hardenberg

Autoren:

Wolf Bauer
Prof. Dr. h. c. Roland Berger
Joachim Bessing
Dr. Elisabeth Binder
Christine Bücken
Sabine Christiansen
Dorothea von Eberhardt
Inga Griese
Prof. Jo Groebel
Tita von Hardenberg
Prof. Wolfgang Joop
Dieter Kosslick
Dr. Florian Langenscheidt
Katharina von der Leyen
Dr. Ulf Poschardt
Prof. Dr. Peter Raue
Marco Rechenberg
Patricia Riekel
Volker Schlöndorff
Patrizia Schueler
Prof. Dr. Christoph Stölzl
Knut Teske
Mario Testino
Gräfin Marie Waldburg
Lord Weidenfeld
Prof. Regina Ziegler

Produziert von fusion publishing GmbH, Berlin, www.fusion-publishing.com
Herausgegeben von der teNeues Publishing Group, www.teneues.com

teNeues Verlag GmbH + Co. KG
Am Selder 37, 47906 Kempen, Germany
Tel.: 0049-(0)2152-916-0, Fax: 0049-(0)2152-916-111
E-mail: books@teneues.de

Presseabteilung: Andrea Rehn
Tel.: 0049-2152-916-202
e-mail: arehn@teneues.de

Wir sind um größte Genauigkeit in allen Details bemüht, können jedoch eine Haftung für die Korrektheit nicht übernehmen. Die Geltendmachung von Mängelfolgeschäden ist ausgeschlossen.

Bibliografische Informationen der Deutschen Nationalbibliothek
Die Deutsche Nationalbibliothek verzeichnet diese Publikation in der Deutschen Nationalbibliografie; detaillierte bibliografische Daten sind im Internet über http://dnb.d-nb.de abrufbar.

Printed in Germany

ISBN: 978-3-8327-9013-4

Bildnachweis

Henry Herrmann/Eventpress: 31 o., 34 (Leiste Bild 4), 35 (Leiste Bild 1+3), 38, 41 u., 42 u., 43 u.l., 46 (Leiste Bild 3+4), 47 (u. und Leiste), 53 o., 59 u., 60 (Leiste Bild 5), 61 o. + Leiste Bild 4, 62, 63 u., 66, 67 u., 69 o., 72 o., 85, 86 (Leiste Bild 2), 87 (Leiste Bild 1), 88, 89 o., 90, 92, 96, 100, 101, 110, 111, 117, 123 o., 125, 127, 128 u., 129 o., 130, 132 o., 133 (Leiste Bild 3), 134, 141 (Leiste Bild 3+4), 150;

Schroewig: 11 u., 30, 31 u., 34 o., 39, 40, 41 o., 43 u.r., 44, 60 u. + Leiste Bild 2, 68 o., 73 o., 84, 86 o. und Leiste Bild 1+3, 87 (Leiste Bild 2), 94, 103 o., 122, 123 u., 124 u.;

Pierre Adenis: 57 u.; Agentur Bildschoen: 127 (Leiste 2. Bild v.l.), 133 (Leiste Bild 2); Kai Bublitz: 89 (mitte und unten), 128 o., 129 u.; Deutsches Historisches Museum, Berlin: 20, 22 u.; dpa: Momente (Bild in der Mitte); Oliver Elsner: 99, 133 (Leiste Bild 1); Erick Hackenschmidt: 12; Rafael Herlich: 36, 91 o., 97; Henrik Jordan: 18, 22 o., 28, 51, 63 o.; Franziska Krug: 5, 17, 27, 126, 127, 132 Mitte und Leiste Bild 3), 133 (Leiste Bild 4); Christian Lietzmann: 9, 64 (Kopf Mitte), 99, 112, 131 (Leiste Bild 1), 105, 118, 141 (Leiste Bild 1); Lübbert: 148 und 149; Frank Nürnberger: 10, 11 o., 45, 61 (Leiste Bild 3), 95, 120, 147, 151 o.; Thomas Rafalzyk: 34 (Leiste Bild 1), 46 o., 60 (Leiste Bild 3), 140, 141 (oben und Leiste Bild 2), 144, 146 o.r., 152/153; Urban Ruths: 34 (Leiste Bild 2), 46 (Leiste Bild 1+2), 47 o., 61 (Leiste Bild 1), 68 (Leiste Bild 1+2), 75, 91 u., 98, 104, 106, 112, 113, 114, 115, 116, 119, 126, 132 (Leiste Bild 1+2), 142, 143, 146 o.r., 146 u., 151 u.; Stephan Schraps: 69 u., 72 u., 73 u., 74; Michael Sondern: 133 o.; UFA: 102/103 unten; Ullstein: 26, 43 o., 44 o., 48, 49, 55 u., 59 o., 60 o.

Seite 32/33: Annette Hornischer, Eventpress, Frank Nürnberger, Franziska Krug, Hennriette Zeuzem, Henry Herrmann, Michael Sondern, Ullstein, Urban Ruths; Seite 70/71: Stephan Schraps; Seite 108/109: Annette Hornischer, Christian Lietzmann, Eventpress, Frank Nürnberger, Thomas Rafalzyk, Urban Ruths; Seite: 136/137: Eventpress, Frank Nürnberger, Franziska Krug, Urban Ruths, Schroewig, Oliver Elsner; Seite 138/139: Agentur Bildschoen, Christian Lietzmann, Eventpress, Franziska Krug, Oliver Elnser, Thomas Rafalzyk, Urban Ruths; Seite 154/155: Agentur Bildschoen, Andreas Amann, Annette Hornischer, Eventpress, Frank Nürnberger, Oliver Elsner, Sabine Brauer, Urban Ruths

Alle nicht gesondert aufgeführten Bilder: Archiv Hardenberg Concept GmbH
Coverbild: Dieter Eikelpoth

Dieser Bildnachweis wurde nach bestem Wissen erstellt. Sollte durch die außerordentliche Fülle des Materials, ungeachtet aller Sorgfalt, dabei ein Fehler unterlaufen sein, so bitten wir dieses Versehen zu entschuldigen.